Kreatives und künstlerisches Gestalten
in Freizeit und Beruf – dafür steht der Name
Christophorus
seit mehr als 30 Jahren. Jedes
Christophorus-Buch
ist mit viel Sorgfalt erarbeitet:
Damit Sie Spaß und Erfolg beim Gestalten haben –
und Freude an unverwechselbaren Ergebnissen.

Geld-Geschenke

Originelle Ideen für jeden Anlass

Von Susanne Fankhauser, Monika Fischer, Traudel Hartel,
Gudrun Hettinger, Andrea Küssner-Neubert, Ingrid Moras,
Ursula Müller-Wüstemann

CHRISTOPHORUS

Inhalt

Geldgeschenke

„Was schenke ich?" – Diese manchmal sehr schwierige Frage kennt sicher jeder. Oft kommt man dann zu dem Entschluss Geld zu schenken, wenn auch ungern, weil es doch recht unpersönlich und fantasielos zu sein scheint. Dabei können Geldgeschenke sehr sinnvoll sein, zum Beispiel wenn eine größere Anschaffung ansteht, wenn viele kleine Beträge zur Erfüllung eines großen Wunsches führen oder wenn man sich über den Geschmack des zu Beschenkenden nicht sicher ist.

Wenn Sie dann das Geldgeschenk nicht einfach in einen Umschlag stecken, sondern liebevoll „verpacken", vielleicht sogar dem Anlass entsprechend, weiß auch der Empfänger, dass Sie keine Mühe gescheut haben, ihn zu überraschen.

Beliebte Gelegenheiten für Geldgeschenke sind Hochzeit, Geburt, Umzug, Urlaub oder Hobby. Zu all diesen Themen werden Sie Vorschläge finden, aber natürlich auch neutrale Modelle, die sich für alle Gelegenheiten eignen. Sie werden sehen, dass selbst gestaltete Geldgeschenke in ihrer Originalität jederzeit mit anderen Geschenken mithalten können. Und beim Empfänger gesellt sich zur Freude über das individuelle Geldgeschenk die Vorfreude auf die Erfüllung eines vielleicht lange gehegten Wunsches.

Viel Spaß beim Basteln und Überreichen Ihres persönlichen Geldgeschenks!

So gehts

Das Übertragen der Vorlagen

Das gewünschten Motiv vom Vorlagenteil auf Transparentpapier abpausen und ausschneiden. Die Transparentpapierform auf Fotokarton kleben, erneut ausschneiden. Diese Schablone auf die Vorderseite des gewünschten Materials legen und mit einem Bleistift nachzeichnen. Mit Cutter oder Schere ausschneiden.

Das Herstellen einer Karte

Sie können entweder fertige Doppelkarten kaufen oder diese in der angegebenen Größe ausschneiden (DIN A 5: 21 x 29,7 cm, wird gefaltet zu 21 x 14,85 cm). Mit Lineal und Schere in der Mitte falzen und falten.

Das Beschriften

Im Handel sind Rubbel-, Klebe- und Stanzbuchstaben erhältlich. Wer eine schöne Handschrift hat, kann die Karten und Anhänger auch selbst beschreiben, das verleiht dem Geschenk eine persönliche Note. Eine andere Möglichkeit ist der Computer: Einfach eine schöne Schrift auswählen und auf das entsprechende Papier ausdrucken. Erst dann in der gewünschten Form ausschneiden.

Das Kleben

Zum Aufkleben und Fixieren der Geldscheine eignet sich beidseitig haftender Fotofilm, z. B. von Tesa, sehr gut. Damit die Geldscheine beim späteren Ablösen nicht beschädigt werden, ist es empfehlenswert, den Fotofilm zuerst ein- bis zweimal auf ein Baumwolltuch zu kleben und wieder abzuziehen, um die Haftung etwas zu verringern. Auch Malerklebeband hält zuverlässig und lässt sich von den Geldscheinen gut wieder abziehen.

Beidseitig haftendes Montageband eignet sich hervorragend zum Befestigen von etwas größeren und schwereren Gegenständen. Es ist etwas dicker als normales Klebeband und auch in Transparent erhältlich. Je nach Material können Sie auch Heißkleber (z. B. UHU Pistole LT 110) oder Kraftkleber (z. B. UHU Alleskleber Kraft) verwenden. Für flächiges Kleben von Papieren empfiehlt sich ein Klebestift (z. B. UHU stic).

Das Falten

Die Ziehharmonika: Für eine vier- oder sechsfache Zickzack-Faltung den Geldschein an den Hilfslinien knicken, dann auffalten und an den Knicklinien wie eine Ziehharmonika falten. Für „Fliegen" kann der Geldschein auch quer in der gleichen Weise gefaltet werden.

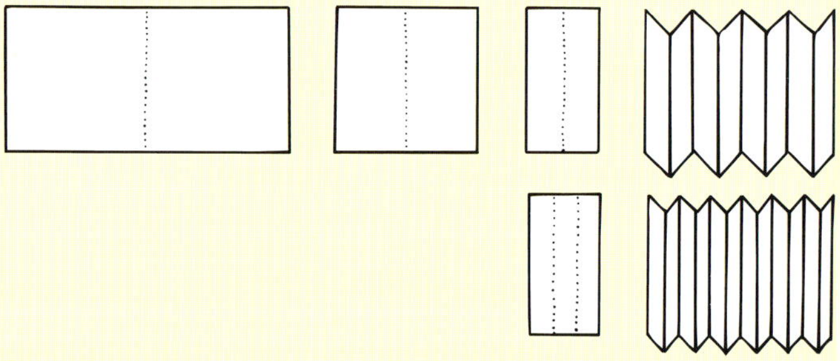

Die Blüte: Den Geldschein zunächst zur Ziehharmonika falten. Jede Faltung nacheinander flach auf den Tisch legen und jeweils oben ein Dreieck umknicken. Den Geldschein wieder entfalten, erneut zur Ziehharmonika falten und dabei die entstandenen Knicke nach hinten wenden. Unten die Faltungen entweder mit Malerklebeband zusammenhalten oder zwischen zwei Stäbe oder in Schlitze stecken.

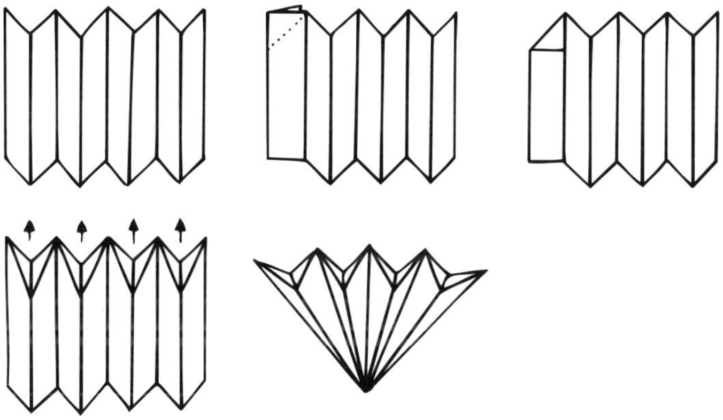

Das Blatt: Den Geldschein mit der Rückseite nach oben auflegen. Dreiecke an den Hilfslinien umknicken. Die Ecken nochmals bis zur Knicklinie nach innen falten.

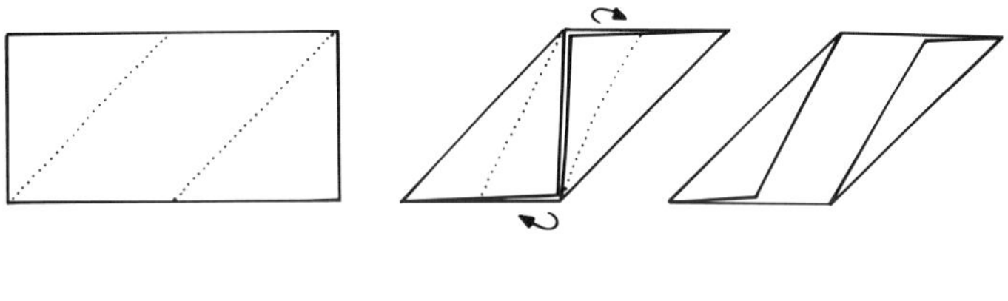

Der Drachen oder die Krawatte: Zunächst den weißen Rand nach oben klappen. Die zwei oberen Ecken nach innen zur Mittellinie knicken, dann die unteren Ecken. Die über die Mittellinie hinausragenden Stücke jeweils bis zur Mittellinie nach innen klappen. Den Drachen oder die Krawatte wenden.

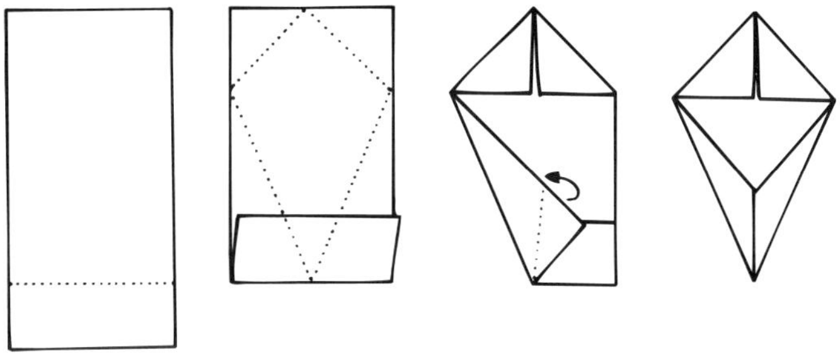

Die Rolle: Neue Geldscheine lassen sich gut zu Rollen formen. Die Scheine über eine Stricknadel oder einen Messerrücken ziehen und über eine Stricknadel ganz aufrollen. Wenn die Rolle nicht von selbst zusammenbleibt, kann mit etwas Malerklebeband nachgeholfen werden.

Das Dreieck: Geldschein quer zur Hälfte falten. Die beiden unteren Ecken rechts nach links oben falten. Es entsteht ein Dreieck. Die beiden Ecken in der Hälfte zurück falten.

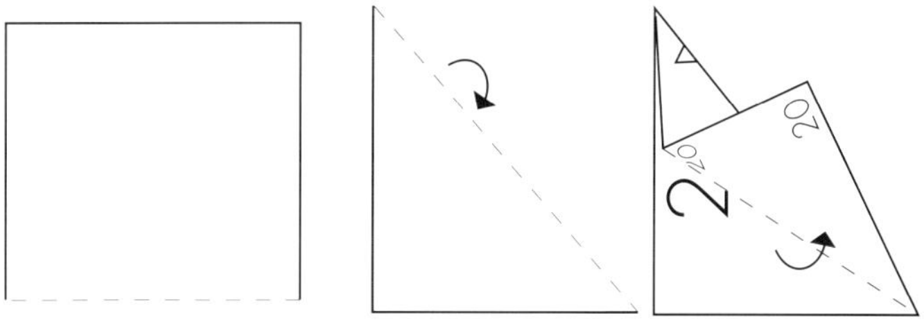

Für alle Gelegenheiten

Kostbare Uhren

Material

Kleine Uhr

- Mini-CD
- Moosgummi in Schwarz, DIN A3 groß
- Glassteine, rund und rautenförmig, zum Aufkleben
- Glasstein, rund, 10-12 mm Ø
- Silberdraht für die Zeiger
- Fotofilm
- Montageband, beidseitig haftend
- Geldscheine

Große Uhr

- CD
- Moosgummi in Weiß, DIN A3 groß
- Moosgummi in Schwarz
- Tonkarton oder Windradfolie in Schwarz oder fertige Zeiger
- Plusterpen in Schwarz oder Klebezahlen
- Montageband, beidseitig haftend
- Kettelstift oder Silberdraht
- Drahtherzen als Klammern
- Geldscheine

Vorlagen 1 - 2
Seiten 62 - 63

Für die Armbänder Moosgummi nach der Vorlage zuschneiden. CD mit Plusterpen, Klebezahlen oder Steinen wie ein Ziffernblatt dekorieren.
Geldscheine mit Herzklammern oder Fotofilm am Band befestigen und CD mit Montageband aufkleben.

Tipp

Geldscheine können bei niedriger Temperatureinstellung gebügelt werden.

200
200
20EURO

Wundertüte

Material

- Tonkarton in Weiß
- selbstklebende Hologrammfolie in Silber
- 40 cm Federboa in Weiß
- Marabufedern in Weiß, Schwarz
- Styroporkugel, 6 cm
- Silberdraht
- Blumensteckdraht
- Geldscheine
- doppelseitiges Klebeband
- Fotofilm
- Klebstoff

Vorlagen 3 – 4
Seite 63

1 Die Hologrammfolie auf den Tonkarton kleben. Die Tüte nach der Vorlage zuschneiden und zusammenkleben.

2 Die Styroporkugel mit Kleber in der Tüte befestigen. An der Kante die Federboa mit Klebeband fixieren.

3 Die Marabufedern andrahten und die Drahtenden in die Styroporkugel stecken.

4 Fünf Hologrammsterne nach Vorlage 4 ausschneiden, auf Silberdraht kleben und ebenfalls in die Tüte montieren.

5 Die Geldscheine schräg einrollen, mit Fotofilm am Draht fixieren und zwischen den Federn platzieren.

Außerirdische

Material

für alle

- 2 alte Werbe-CD-ROMs
- 1/2 Plastik-Kugel, 10 cm ∅
- Tonkarton in Regenbogenfarben
- Kraftkleber
- Geldscheine

Außerirdischer in Rot

- Window Color in Erdbeer, Pfirsich, Strohgelb, Holunder
- Konturenfarbe in Schwarz

Außerirdischer in Blau

- Window Color in Türkis, Saphir, Samtblau, Rosé
- Konturenfarbe in Schwarz

Außerirdischer in Grün

- Window Color in Apfelgrün, Grasgrün, Blattgrün, Strohgelb
- Konturenfarbe in Schwarz

Vorlagen 5 - 7
Seite 64

1 Bei einer Hälfte der teilbaren Plastikkugel den Aufhänger abschneiden oder absägen. Zwei CD-ROMs mit den Werbeflächen mit Kraftkleber zusammenkleben. Über dem Loch in der Mitte auf beiden Seiten einen Kreis aus Fotokarton befestigen.

2 Die „Außerirdischen" mit Window Color auf Spezialfolie malen, dazu die Vorlage unter die Folie schieben. Zuerst die Nasen und die Kreise für die Fingerkuppen mit den Farben aufmalen sowie die schwarzen Pupillen und den Mund mit Konturenfarbe aufsetzen; alles trocknen lassen. Anschließend die Körper malen und gut trocknen lassen (etwa 24 Std.). Tragen Sie die Farben nicht zu dünn auf, sonst verzieht sich das Motiv beim Ablösen von der Folie.

3 Das Motiv vorsichtig ablösen und auf die Innenwand der Halbkugel aufdrücken. Eventuelle Überstände nach unten mit einer Schere abschneiden. Geldscheine einrollen und in die Mitte der CD legen. Die Halbkugel darüber setzen und an vier Stellen mit der CD-ROM durch jeweils einen Tropfen Window Color verbinden. Nach dem Trocknen der Farbe hält diese Verbindung beide Teile sicher zusammen.

Wertvolle Füllungen

1 Konturenlinien direkt mit der Farbflasche auf die Plastikformen malen. Eine auf das Ausflussrohr aufgeschraubte Metall-Feindüse (0,7 mm ∅) ermöglicht dünne Konturenlinien. Das Herz und die Glocke zum Bemalen am besten teilen. Die Vorlage deutet an, wie beim Malen der Konturen vorzugehen ist. Das Schwein im Ganzen bemalen. Dabei sieben Konturenlinien im Abstand von 6 mm um das Schwein herum malen, die Konturen der Innenohren, der Schnauze und des Schwanzes auftragen. Ovale Augen mit weißer Farbe aufmalen, kurz trocknen lassen und die Pupillen und Nasenlöcher mit schwarzer Konturenfarbe aufsetzen.

2 Nach dem Trocknen der Konturen (etwa 8 Stunden) die Teilflächen mit Window Color ausfüllen. Dabei die Farben immer bis zu den Konturen malen; eventuell die Farben mit einem Zahnstocher oder einer Sticknadel in die spitzen Ecken ziehen. Alles gut trocknen lassen (etwa 12 Stunden).

3 Die Glocke nach Wunsch mit einem Geschenkband zusätzlich dekorieren. Die Farben kommen besser zur Geltung, wenn zum Geldschein weiße oder gelbe Federn in die Form gelegt werden. Auch eine Reisfüllung ist bei der Glocke denkbar. Falls das Schwein „geschlachtet" werden soll, mit einem Cutter den Farbauftrag an der Trennlinie des Schweines entlang durchschneiden.

Material

Herz

- Plastikform „Herz", teilbar, 8 cm
- Konturenfarbe in Schwarz
- Window Color in Strohgelb, Pfirsich, Erdbeer, Apfelgrün, Blattgrün, Samtblau
- Marabufeder in Weiß
- Geschenkband in Schwarz
- Geldscheine

Glocke

- Plastikform „Glocke", transparent, teilbar
- Konturenfarbe in Schwarz
- Window Color in Citron, Strohgelb, Pfirsich, Erdbeer, Brombeer
- Geschenkband in Gold
- Marabufeder in Gelb
- Geldscheine

Regenbogenschwein

- Plastikform „Sparschwein", teilbar
- Konturenfarbe in Schwarz
- Window Color in Erdbeer, Pfirsich, Strohgelb, Weiß Apfelgrün, Türkis, Holunder, Samtblau
- Geldscheine

Vorlagen 8 - 9
Seite 65

Material

- aeroplast soft Modelliermasse
- Blumendraht, 1 mm ∅
- Acryl-Mattfarbe in Gelb, Maigrün, Hellgrün, Orange, Rot, Kobaltblau, Schwarz, Weiß
- bunte Federn
- Messer oder Bastelholz
- Geldscheine

Vorlagen 10 – 12
Seite 66

Eurovögel

1 Für jeden Vogel eine Handvoll Modelliermasse kurz durchkneten und mit den Händen zu einer Kugel rollen, bis alle Falten verschwunden sind. Anschließend einen Bruchteil der Masse für Kopf und Schnabel abdrücken und beide Teile ausformen (siehe Vorlage).

2 Die jeweilige Standfläche auf der Tischplatte abflachen. Mit einem Bastelhölzchen oder Messer 2 cm lange und 4 mm breite Schlitze für die Geldscheine eindrücken. Beim aufrecht sitzenden Vogel einen 25 cm langen Blumendraht in die Schnabelspitze stecken. Die Vögel 24 Stunden an der Luft trocknen lassen. Mit feiner Stahlwolle kann die Oberfläche geglättet werden.

3 Die Vögel mit Acrylfarben bemalen. Nach dem Trocknen der Farben die gefalteten Geldscheine (Seite 9) zusammen mit Federn in die Schlitze stecken oder die Geldscheine einrollen und auf den Blumendraht stecken.

Tipp

Wenn der balancierende Vogel als Zettelaufspießer verwendet werden soll, einen etwas kräftigeren Steckdraht verarbeiten.

20

Material

- Naturpapier in Gelb, Orange, Grün
- Marabu-Federn in Orange
- 3 Bastelspieße
- Bast in Natur
- dünner Draht
- flache Schachtel, z. B. leere Cremedose, ca. 4 cm hoch, 10 cm
- Steckschaum
- Geldscheine
- Klebstoff

Vorlagen 13 - 14

Seiten 66 - 67

Bunte Blumen

1 Die große Blüte dreimal aus orangefarbenem, die kleine dreimal aus gelbem, fünf Blätter aus grünem Naturpapier ausschneiden. Je eine kleine und eine große Blume aufeinander kleben.

2 Drei Geldscheine zu kleinen Fächern falten, in der Mitte zusammenlegen und mit Draht umwickeln. Marabu-Federn mit einbinden.

3 Geldscheine durch die Mitte der Blüten stecken und mit dem Draht an Bastelspießen als Blumenstängel fixieren. Blätter an den Stängel kleben. Aus grünem Naturpapier 1 cm breite Streifen schneiden und die Stiele damit umwickeln.

4 Den Steckschaum in die Schachtel kleben. Schachtel mit grünem Naturpapier beziehen. Eine Kreisform mit 10 cm ∅ zuschneiden und den Steckschaum damit abdecken.

5 Mit einer Schere Löcher in die Abdeckplatte stechen und die Blumen einstecken. Nach Belieben noch weitere Geldscheine mit Bast an der Schachtel fixieren.

10
BCE ECB EZB EKT EKP 2002
10

Gutscheine

Material

Für alle Karten

- Trockenblumen in Orange
- Schrift-Sticker „Gutschein“ in Gold
- Sprühkleber
- Transparentfolie, selbstklebend
- Motivschere

Grüne Karte

- Doppelkarte in Grün
- Naturpapier „Aqua“ (Rayher)
- Bastfaden

Wellpapp-Karte

- Passepartout-Karte in Grün
- Naturpapier „Aqua“ (Rayher)
- Bastfaden

Helle Karte

- Passepartout-Karte in Beige
- Naturpapier, handgeschöpft
- Bastfaden

Geschenkanhänger

- Tonkarton in Natur, Grün
- Naturpapier „Aqua“ (Rayher)
- Trockenblume

Grüne Karten

1 Naturpapier, 7 x 15 cm, auf die Doppelkarte kleben oder selbst aus Tonkarton eine Faltkarte herstellen. Mit Klebestift die Trockenblumen befestigen. Schriftsticker und Bastfaden ergänzen.

2 Für die Wellpapp-Karte das Fenster der Passepartout-Karte mit Naturpapier hinterkleben. Einen Blumenstrauß aus Trockenblumen arrangieren und mit Klebestift oder Sprühkleber festkleben. Die Karte mit einer Bastschleife und dem Sticker „Gutschein“ verzieren.

Helle Karte

Einen Blumenstrauß aus Trockenblumen auf einem Stück Naturpapier arrangieren, mit selbstklebender Transparentfolie beziehen und hinter den Passepartout-Ausschnitt kleben. Die Vorderseite mit getrockneten Blumen, einer kleinen Bastschleife und dem Schriftsticker verzieren.

Geschenkanhänger

Tonkarton, 10 x 14 cm, in der Mitte falten. Grünes und beiges Naturpapier mit der Motivschere zuschneiden und aufkleben. Eine Blüte aufsetzen und mit Bastfäden und Schriftsticker verzieren.

Gutschein
Gutschein
Gutschein

Material

Schmetterlinge

- Schmetterlinge-Serviette (Ihr)
- Serviettenkleber
- Künstlerkarton in Weiß
- Steckdraht, 40 cm lang, 1,6 mm ∅
- Rundmagnete, 12 mm ∅
- Silberdraht
- Sonnenblume

Glücksschwein

- Schwein-Serviette (Ihr)
- Serviettenkleber
- Künstlerkarton in Weiß
- Ried in Hellgrün, ca. 40 cm lang
- Silberdraht

Bär mit Blüten

- Bären-Serviette (Ihr)
- Serviettenkleber
- Künstlerkarton in Weiß
- Ried in Hellbraun, ca. 40 cm lang
- Silberdraht
- Bast in Blaugrün

für alle

- Klebestift
- Klebeband
- Geldscheine

Vorlagen 15 - 16
Seite 67

Blumenstecker

1 Die Schmetterlinge, das Schwein und den Bärenkopf mit etwas Zugabe grob aus den Servietten ausschneiden. Die oberste Schicht vorsichtig abziehen.

2 Ein Stück Künstlerkarton dünn mit Serviettenkleber (Flachpinsel) bestreichen. Das Motiv auflegen und immer von der Mitte ausgehend mit dem Flachpinsel andrücken. Nochmals Serviettenkleber auftragen und dabei die Fältchen vorsichtig herausstreichen. Mit einem Föhn trocknen.

3 Die Schmetterlinge an den Umrissen entlang ausschneiden. Auf der Rückseite jeweils mit Kraftkleber einen Magneten fixieren. Das Schwein und den Bärenkopf mit Klebestift auf Künstlerkarton kleben. Dabei unten in der Mitte ein Stück für die Riedstäbe offen lassen. Anschließend die Motive ausschneiden.

4 Für den Bärenkopf und das Glücksschwein jeweils zwei Riedstäbe in Abständen von 5 cm mit Silberdraht zusammenbinden. Die Stäbe einkleben. Beim Bären nach Wunsch Bast anbinden.
Geldscheine falten (Seite 9) und mit einem Ende zwischen die beiden zusammengebundenen Riedstäbe klemmen. Für die Schmetterlinge zwei Steckdrähte an mehreren Stellen mit Silberdraht zusammenbinden. Eine Sonnenblume befestigen. Die gefalteten Geldscheine mit den Schmetterlings-Magneten am Draht festhalten.

Material

- Regenbogen-Tonkarton
- Tonkarton in verschiedenen Farben
- Wackelauge, 10 mm ∅
- Satinbändchen, 3 mm
- Bastelspieße
- Münzen
- Filzstift in Schwarz

Vorlagen 17 – 21
Seite 68

Vitamin C & G

Papagei und Blumen

Motive ausschneiden, zusammenkleben und Konturenlinien aufmalen. Die Münzen befestigen. Zum Schluss die Bastelspieße ankleben.

Clown

Die Einzelteile auf den Kopf kleben. Das Schwarze im Mund mit einem Filzstift aufmalen. Kopf mit Körperteil verbinden, die Münze aufkleben und darauf die Arme mit den Händen fixieren. Für die Schleife einen Geldschein wie eine Ziehharmonika falten, mit einem Schleifchen zusammenbinden und am Hals befestigen. Einen Bastelspieß ankleben.

Tipp

Die Stecker sehen auch in seinem Blumenstrauß oder einer Topfpflanze hübsch aus.

in C
Vitamin „G"

Glücksschwein

1 Kartenmaß: 14 x 21 cm. Für die Karte Maulbeerpapier und Tonkarton in gleicher Größe zusammenkleben.

2 Das Schweinchen zuschneiden, den Rüssel, ein Ohr und die Hufe aufsetzen. „Viel Glück“ in die Mitte des Schweinchens schreiben oder kleben.

3 Einen Einsteckschlitz anbringen, den gefalteten Geldschein einstecken und das Schweinchen mit Klebepads platzieren. Kleeblätter aufkleben, die Karte mit Glitter Liner verzieren.

Material

- Maulbeerbaumpapier in Grün
- Tonkarton in Grün, Rosa, Weinrot
- Kleeblattminiaturen, 30 mm ∅ (Kunststoff)
- Klebeschrift
- Glitter Liner
- Schnur
- doppelseitiges Klebeband
- Klebepads
- Geldschein

Vorlage 22
Seite 69

Viel Glück

Für Hobby & Freizeit

Material

Großer Nagel

- Zimmermannsnagel, 27 cm lang
- 1 m Aludraht, 2 mm
- Dekodraht in Rot, 0,5 mm
- Kleinteile wie Schrauben, Muttern, Scheiben usw.
- Geldscheine

Farbpalette

- Farbpalette
- Pinsel
- bunte Moosgummi-scheiben
- Satinband in Gelb, Orange
- Fotofilm
- Geldschein

Vorlage 23
Seite 69

Für Heimwerker

Großer Nagel

Am Aludraht eine Schlaufe zum Aufhängen des großen Nagels biegen. Restlichen Draht zu einer Spirale mit etwa 2,5 cm Ø drehen. Nagel oben und unten fest einwickeln. Geldscheine zu Flügeln falten. Dazu den Schein diagonal zusammenlegen, z. B. von oben rechts nach unten links. Beide Flügel noch zweimal knicken. Zum Schluss die Mitte quer falten und auffächern. Mit dem roten Draht an der Spirale befestigen. An den Drahtenden Schrauben oder Ähnliches einhängen und ebenfalls spiralförmig aufdrehen. Schild anstecken.

Farbpalette

Die Geldscheine um die Pinselstiele legen, mit Fotofilm befestigen und auf die Farbpalette kleben. Die Moosgummischeiben in den Vertiefungen anbringen. Aus den Bändern eine kleine Schleife binden und diese an den Pinselstielen befestigen.

Für unseren Heimwerker
200
50

Material

Fahrrad

- 2 m Aluminiumdraht, 2 mm ∅
- Vielzweckschnur in Grün

Kinderwagen

- 1,20 m Aluminiumdraht, 2 mm ∅
- Doppelkarte in Grün

Oldtimer

- 1,40 m Aluminiumdraht, 2 mm ∅
- Doppelkarte in Blau

Herz

- 0,60 m Aluminiumdraht, 2 mm ∅
- Steckdraht in Schwarz, 40 cm, 1,6 mm ∅
- Silberdraht

für alle

- Geldscheine
- kleine Rundzange

Vorlagen 24 - 27
Seiten 69 - 70

Für große Wünsche

1 Die Motive nach den Vorlagen aus weichem Aluminiumdraht formen. Der Beginn ist jeweils mit einem Stern in der Vorlage gekennzeichnet. Größere Biegungen können ganz einfach mit den Fingern bewältigt werden, für ganz enge Windungen sollte eine kleine Rundzange (Rosenkranzzange) verwendet werden.

2 Überstände beim Fahrrad und beim Oldtimer zum Schluss gegebenenfalls abschneiden. Beim Kinderwagen das Ende zu einer Spirale einrollen. Bei den Herzen die Drähte jeweils links und rechts von der Herz-Spitze mit Silberdraht zusammenbinden, den restlichen Aluminiumdraht um den Steckdraht wickeln.

3 Gefaltete Geldscheine (Seite 9) in die Herzen einschieben. Beim Fahrrad eingerollte Geldscheine mit einer Vielzweckschnur am „Gepäckträger" festbinden. Für das Auto und den Kinderwagen jeweils zwei Geldscheine zur Ziehharmonika falten und je ein Ende in die engen Biegungen des Faltdaches einschieben.

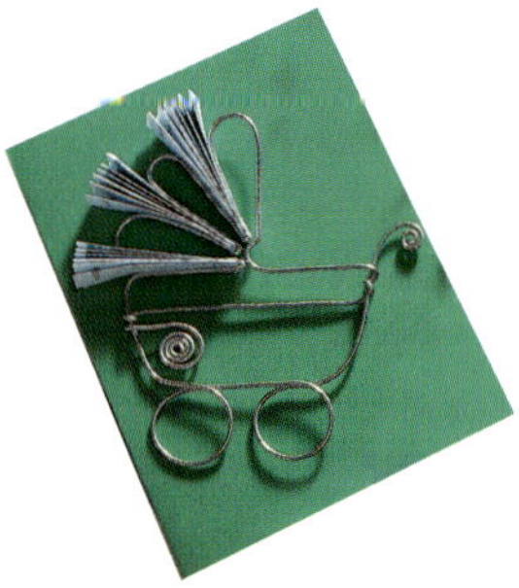

Tipp

Das Fahrrad kann mit nach vorne gebogenem Ständer stehen. Das Auto und der Kinderwagen werden auf den Karten an drei Stellen mit Silberdraht fixiert. Das Herz in einen kleinen Blumenstock stecken.

Material

Blüte & Reisig

- Karte in Gelb
- Strohseide in Dunkelgrün
- Birkenreisig-Herz
- Stoffblüte „Margerite“
- Draht

Karte in Weiß

- Wellpapp-Karte in Weiß
- Tonpapier in Weiß
- Juteband in Grün
- Margeritenranke
- Draht
- Schriftsticker „Gutschein“

Blüte & Schleife

- Karte in Gelb
- Tonkarton in Olivgrün
- Margeritenranke
- Draht
- Satinband in Gelb, 2 cm breit
- Motiv-Sticker „Blümchen“

Für Blumen

Blüte & Reisig

Die Strohseide zu einem Dreieck schneiden, mit Sprühkleber befeuchten und auf die Karte kleben. Margerite mit Draht an dem Reisigherz befestigen. Das Herz mit Heißkleber auf der Karte fixieren. Schriftzug anbringen.

Karte in Weiß

Juteband, 7 x 17 cm, mit Sprühkleber auf die Karte kleben. Margeritenranke, 16 cm lang, mit Heißkleber fixieren. Schrift-Sticker „Gutschein“ auf weißes Tonpapier, 2 x 9 cm, kleben, an den Enden einschneiden und der Abbildung entsprechend auf der Karte anbringen.

Blüte & Schleife

Tonkarton in Olivgrün, 8 x 9 cm, auf die Karte kleben. Aus Satinband, 40 cm lang, eine Schleife binden. Mit Heißkleber die Schleife und eine Margeritenranke auf der Karte befestigen. Blümchen-Sticker ergänzen und die Karte beschriften.

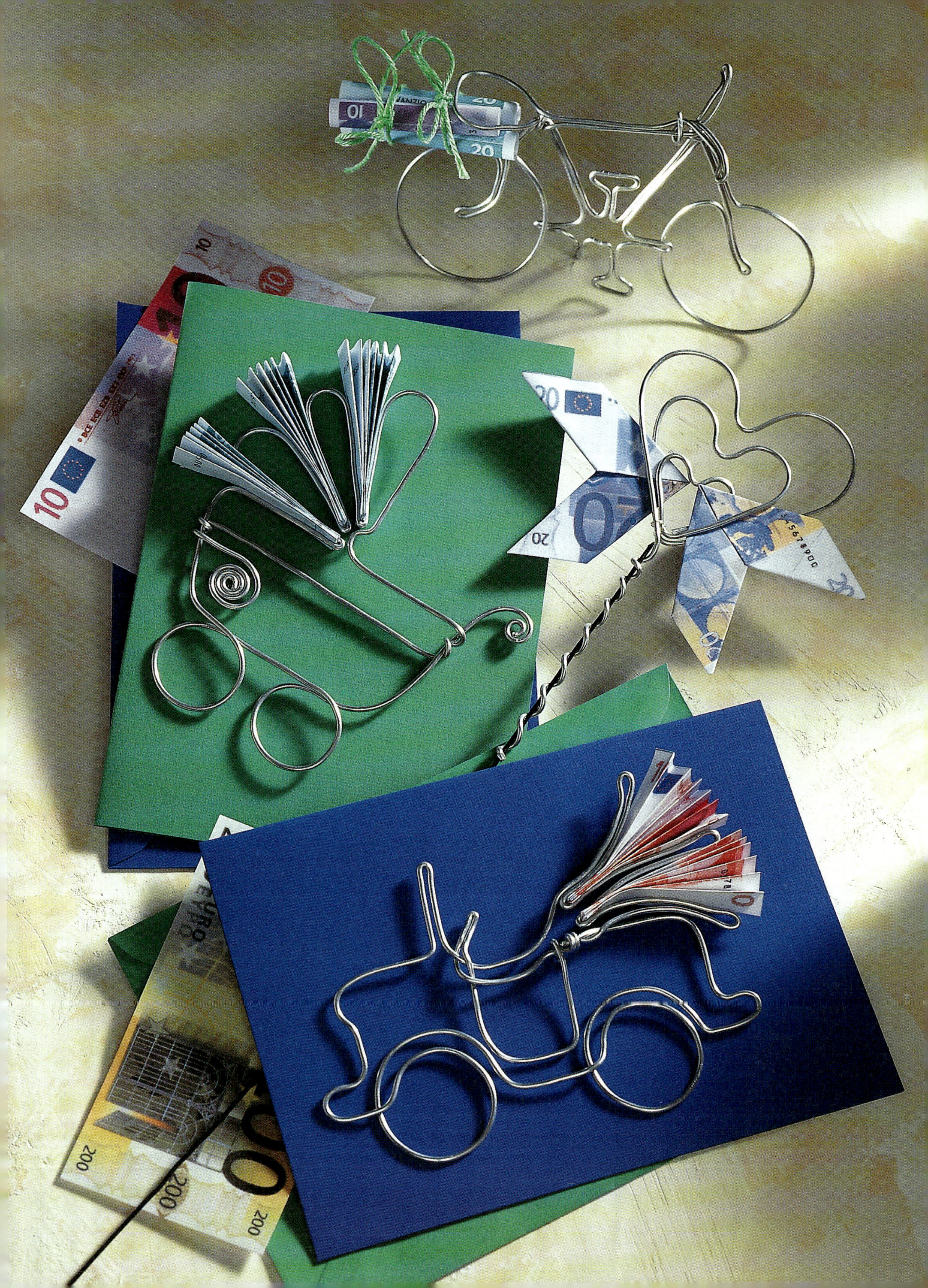

Für
Blumen
Gutschein
Gutschein

Fürs Lieblings-parfum

Material

- Glasflasche mit Korken
- Band in Hellgrün, Violett
- Garn in Lila
- Tüllblüte in Lila
- Tonpapier in Lila
- Geldscheine

Anleitung Seite 38

für Dein
Lieblingsparfum

Material

- Vorratsglas
- Spielzeughandy
- Deko-Kies in Weiß
- Tonpapier in Lila
- 50 cm Kordel in Grün
- Geldschein

Vorlagen 28 - 29
Seite 71

Fürs Handy

1 Das Glas mit etwas Kies füllen. Das Handy hineinstellen. Geldschein diagonal falten und im Glas anordnen.

2 Text auf Tonpapier schreiben (PC oder von Hand) oder kopieren, dann erst Streifen und Etikett ausschneiden. Den Streifen ebenfalls ins Glas legen und das Etikett mit der Kordel am Glas anhängen.

Fürs Lieblingsparfum

Abbildung & Materialangaben Seite 36/37

1 Die beiden Bänder zu einer kleinen Schleife binden und am Flaschenhals befestigen. Die Tüllblüte aufkleben

2 Geldscheine falten. Garn wie bei einem Päckchen um die Scheine knoten. Tonpapier beschriften und Garn durchziehen. Die Garnenden von Geldscheinen und Schild mit dem Korken festklemmen.

SPARTOPF für Not- (an) rufe !!!
12. Februar 2002
Inhalt : Handy - Kies
zum schwatzen mit mir !
27396688
Menu
Names

Einladungen

Material

Einladung „Italiener"

- Tonkarton in Rot, Weiß, Grün
- 3 Papierfahnen
- Pastatüte (Spielwarenhandel)
- Rubbelbuchstaben

Einladung

- Tonkarton in Blau-Weiß gestreift, Weiß
- Velourspapier in Blau
- Seidenpapier in Weiß, Blau
- Holzkanne
- Holztasse
- Naturbast
- Bindfaden in Blau
- Buchstabenaufkleber

Frühstück

- Passepartoutkarte in Natur
- Juteband in Blau
- Schleifenband in Blau
- Tonkarton in Blau
- 4 Holzstreuteile
- Geldschein
- Buchstabenaufkleber
- Wellenschere
- Glitzerstift in Blau, Silber

Anleitung Seite 42

für ein leckeres
frühstück
UNG

Material

- transparente Tasche mit Einsteckfächern
- Regenbogen-Tonpapier, glänzend
- diverse Kleinigkeiten wie Kamm, Sonnenbrille, Notizblock, Bleistift, Kaugummi, Zuckerstange usw.
- Geldscheine

Badetasche

Das Papier auf die Größe der Einsteckfächer zuschneiden. Mit den kleinen Geschenken und den Geldscheinen in die Fächer verteilen.

Einladungen

Abbildung & Materialangaben Seite 40/41

Einladung „Italiener"

Aus rotem Tonkarton, 29 x 20,5 cm, eine Karte anfertigen. Weißen Tonkarton, 9,6 x 20,5 cm, und grünen Tonkarton, 4 x 8 cm, auf der Karte fixieren. Pastatüte und Fahnen aufkleben. Weißen Tonkarton, 12,5 x 3,5 cm, mit der Wellenschere zuschneiden, mit Rubbelbuchstaben beschriften und ebenfalls auf der Karte befestigen.

Einladung

Aus Tonkarton, 30 x 20,5 cm, eine Karte erstellen. Blaues Velourspapier, 20,5 x 4 cm, und gerissenes Seidenpapier befestigen. Den Bast und die Holzteile aufkleben. Weißen Tonkarton, 8 x 2 cm, zackig zuschneiden und beschriften.

Frühstück

Hinter dem Oval der Passepartoutkarte das Juteband fixieren und die Karte zusammenkleben. Mit blauem Filzstift das Oval ummalen. Geldschein falten, mit dem Schleifenband zusammenbinden und mit Tesafilmröllchen anbringen. Den Tonkarton, 8 x 2,5 cm, an zwei Seiten wellig zuschneiden und mit Buchstaben bekleben. Alle Einzelteile auf der Karte befestigen. Mit Glitzerstiften in Blau und Silber Punkte aufmalen.

STIMOROL
STIMOROL
50
100
Made in Switzerland

Material

Giraffe

- 1,70 m Aluminiumdraht, 2 mm ∅
- Graukarton
- Japanpapier in Gelb, Braun
- Tonkarton in Schwarz
- Tonkarton in Regenbogenfarben
- Marabufeder in Gelb
- Papierkordel in Gelb
- Acrylfarbe in Weiß
- Filzstift in Schwarz
- Klebestift
- Heißkleber
- Geldscheine

Elefant

- 2,05 m Aluminiumdraht, 2 mm ∅
- Graukarton
- Japanpapier in Hellblau, Hellgelb
- Tonkarton in Schwarz
- Marabufeder in Türkis
- Papierkordel in Weiß
- Acrylfarbe in Weiß
- Filzstift in Schwarz
- Klebestift
- Heißkleber
- Geldscheine

Vorlagen 30 - 31
Seite 71

Lustige Tiere

Giraffe

1 Aus 60 cm Draht je ein Beinpaar fertigen: In der Mitte einen Rundbogen formen, dann die Drähte jeweils um einen runden Bleistift wickeln. Die Enden mit einer Rundzange zu Spiralen eindrehen. Den Draht für den Hals (50 cm) um einen Bleistift wickeln, die Enden zur Spirale drehen.

2 Bauch und Kopf zweifach aus Graukarton ausschneiden, davon den Kopf einmal mit Ohren und Höcker. Die Außenseiten mit Japanpapier verkleiden. Augen und Schnauze aufkleben und bemalen. Den Kordel-Schwanz, die Mitte der Beindrähte und den Hals mit Heißkleber auf den Innenseiten fixieren und Bäuche und Köpfe zusammenkleben. Am Kopf eine Marabufeder zwischenfassen. Eng aufgerollte Geldscheine in die Spiralenbeine schieben.

Elefant

1 Für ein Beinpaar einen 85 cm langen Draht in der Mitte zu einem Rundbogen formen und die Drähte um einen Klebestift wickeln; die Enden zur flachen Spirale eindrehen. Den 1,20 m langen Rüssel-Draht an einem Ende zu einer flachen Spirale drehen (= Rüsselansatz), zur Hälfte um einen dicken Pinsel, dann um einen Bleistift wickeln.

2 Bauch und Kopf zweimal aus Graukarton ausschneiden, davon den Kopf einmal mit Ohren. Die Außenseiten mit Japanpapier verkleiden. Die Ohren beidseitig bekleben und auf einer Seite Innenohren fixieren. Die Köpfe zusammenkleben, eine Feder dazwischenfassen. Mund und Brauen aufmalen, Augen fixieren und Lichtpunkte auftupfen. Die flache Spirale des Rüssels sowie Schwanz und Beine mit Heißkleber befestigen. Die Bäuche zusammenkleben und den Kopf auf dem Bauch fixieren. Eingerollte Geldscheine in den Rüssel schieben.

Material

Zauberer

- Tonkarton in Dunkelblau, Weiß, Grün, Schwarz, Haut, Regenbogenfarben
- Klebesternchen
- Folie mit Goldsternen
- Geldschein, Münzen

Clown

- Tonkarton in Hellblau, Rot, Weiß, Schwarz, Haut, bunte Reste
- Satinband, 3 mm breit
- Gold Liner
- Lackmalstifte in Weiß
- Motivstanzer „Herz"
- Geldschein, Münzen

Vorlagen 32 - 33
Seiten 72 - 73

Zauberer & Clown

Zauberer

1 Kartenmaß: 15 x 22 cm. Auf dem Gewand des Zauberers Kopf, Bart und Hut platzieren. Ein Ärmel wird hinter dem Gewand, der andere darauf befestigt.

2 Die Hand mit dem Geldschein umbiegen, den Schein in ein zusammengeklebtes Röllchen aus Goldsternchenfolie stecken. Die Schuhe von hinten festkleben, der Zylinder erhält einen Einschnitt für das Geldstück.

3 Den Zauberer auf der Karte platzieren und mit Klebesternchen verzieren. Das Geldstück in den Einschnitt des Zylinders stecken. Den geschwungenen Kartenrand mit Gold Liner hervorheben.

Clown

1 Kartenmaß: 15 x 20 cm. Auf den Clownkopf Mund, Nase und Haare aufkleben. Auf dem Halsansatz das Hemd mit den Händen anbringen und darauf das Westchen fixieren. Die Hose findet dahinter ihren Platz. Diese mit Hosenträgern, Knöpfchen und ausgestanzten Herzchen versehen. Die Schuhe hinter die Hose kleben.

2 Den Clown auf der Karte anorden. Einen Geldschein zuerst längs zur Hälfte legen und dann ziehharmonikaförmig zusammenfalten. Mit einem Schleifchen am Hals festkleben. Münzen fixieren.

Fürs Konzert

Material

- Serviettenkleber
- Serviettenmotive (Ihr)
- weicher Pinsel
- doppelseitiges Klebeband
- Passepartoutkarte „Fünfeck" in Creme
- opake Laternenfolie
- Klarsichtfolie, 0,2 mm
- Goldkarton
- Strohseide in Weiß, Braun
- Tonkarton in Weiß
- Satinband in Altrosa, 1 cm
- Klebeschriften
- Schmuckteile
- Pailletten
- Wellenschere

Kartengröße

- Passepartoutkarte 12 x 17 cm
- übrige Karten A5

Das gewählte Serviettenmotiv ausschneiden und die oberste, bedruckte Lage abziehen. Laternenfolie dünn mit Serviettenkleber bestreichen und das Serviettenmotiv auflegen. Mit einem weichen Pinsel von der Mitte bis zum Rand vorsichtig andrücken. Trocknen lassen.

Notenschlüssel

Auf die mit Strohseide bezogene Doppelkarte ein kleineres Stück Goldkarton kleben. Darauf die Laternenfolie mit dem Notenschlüssel (10 x 14,5 cm) fixieren.

Musikanten

Das Serviettenmotiv nicht auf Laternenfolie, sondern von hinten auf Klarsichtfolie kleben, sodass es von außen auf der gefalteten Karte zu sehen ist. Mit Klebemotiven verzieren und das Einlegeblatt aus Strohseide mit einem Satinband festbinden.

Geige

Die beklebte Laternenfolie etwas größer als den Passepartout-Ausschnitt zuschneiden und von der Innenseite mit doppelseitigem Klebeband befestigen. Dann die Schmuckteile aufkleben.

Einladung zum Konzert
Happy Birthday

Für besondere Gelegenheiten

Von Herzen

Material

- 1 m Aludraht, 2 mm ∅
- Efeubusch
- 3 m Band in Weiß
- Geldscheine
- Fotofilm

1 Mit dem Aludraht ein Herz formen und die Drahtenden in der oberen Mitte miteinander verdrehen.

2 Die einzelnen Efeuranken um das Herz wickeln. Das Band ebenfalls locker umwickeln, dabei Anfang und Ende miteinander verknoten und lang hängen lassen.

3 Die Geldscheine nach der Zeichnung auf Seite 9 falten und um das Band legen. Mit Fotofilm fixieren.

Tipp

Das Herz eignet sich natürlich gut als Geldgeschenk zur Hochzeit. Dann zusätzlich noch ein Schildchen mit guten Wünschen und dem Absender anbringen.

20EURO
20EURO
20EURO
20EURO

Zur Hochzeit

Material

Rote Röschen

- Tonkarton in Cremeweiß
- Wellpappe in Weiß
- Dekoband in Weiß, Gold
- Goldkordel
- Golddraht
- Seidenröschen in Rot
- Buchsbaumgirlande
- Heißkleber

Weiße Röschen

- Tonkarton in Weiß
- Strohseide
- Wellpappe in Gold
- Buchsbaumgirlande
- Seidenröschen in Weiß
- 2 Perlenherzchen
- Dekoband in Gold
- Satinband in Weiß
- Heißkleber

Vorlagen 34 - 35
Seite 74

Rote Röschen

1 Aus cremeweißem Tonkarton, DIN A4, eine Faltkarte herstellen. Darauf zuerst ein weißes, 7,5 cm breites, und dann ein goldenes, 4 cm breites Dekoband fixieren. Die Dekobandenden auf der Innenseite festkleben. Das goldene Dekoband mit dünnem Golddraht umwickeln.

2 Nach der Vorlage ein Herz aus Wellpappe (34) und ein kleineres aus Tonkarton (35) ausschneiden. Auf dem kleineren Herz die Seidenröschen mit Heißkleber befestigen, mit einer Buchsbaumgirlande umranden und mit Golddraht umwickeln.

3 Das Herz aus Wellpappe auf die Karte kleben. Darauf das kleine Rosenherz mit Heißkleber befestigen. Mit einer Schleife aus Goldkordel dekorieren.

Weiße Röschen

1 Weißen Tonkarton, DIN A4, in der Mitte falten und so eine Karte herstellen. Mit Strohseide beziehen. Goldene Wellpappe, 8 x 8 cm, ausschneiden und mittig auf der Karte anbringen. Ein Kränzchen aus Buchsbaumgirlande formen und mit weißen Seidenröschen verzieren.

2 Das Kränzchen und zwei Perlenherzen mit Heißkleber auf der Wellpappe befestigen. Mit einer üppigen Schleife aus Deko- und Satinband dekorieren.

Candlelight-Dinner

Material

- Kerze in Weiß
- Metallstrumpf in Silber, ca. 50 cm
- Silberdraht
- Metallfolie
- Tonpapier in Weiß
- Kraftkleber
- Geldscheine

Vorlage 36
Seite 75

1 Den Metallstrumpf von unten über die Kerze legen. Die Enden rollen sich dabei selber ein.

2 Die Geldscheine und das beschriftete Schild schräg zwischen Kerze und Strumpf legen.

3 Den Strickstrumpf unterhalb der oberen Kante mehrmals mit Silberdraht umwickeln und so auf der Kerze fixieren.

4 Die Herzen aus Metallfolie auf die Drahtenden kleben.

für ein Candlelight- Dinner
BCE ECB EZB EKT EKP 2002
50

Für Kinder

Hasenleiter

Die Kordeln am Ring einhängen und je sechs Perlen auffädeln. Geldscheine aufrollen und zwischen den Perlen und Kordeln einstecken. Kordeln unter den letzten Perlen verknoten. Kordelenden zu Spiralknoten wickeln (Vorlage 37) und abschneiden.
Am Ohr mit Kordel zusätzlich einen gefalteten Geldschein anbinden und mit der Perle fest ziehen. Am anderen Ohr Kordel zum Aufhängen anbringen.

Schultüte

Die Schultüte aus dem Geflecht formen und die Naht mit einer Zange schließen. Kugeln vorbereiten. Geldscheine zu Girlanden falten: Dafür zwei Geldscheine je dreimal in der Mitte längs falten, sodass ein schmaler Streifen entsteht. Den ersten Streifen waagerecht legen, den zweiten am linken Rand senkrecht darüber platzieren. Den ersten Streifen von rechts über den zweiten falten und den zweiten Streifen von unten senkrecht über den ersten nach oben knicken, usw. bis die Streifen aufgebraucht sind. Eventuell die Enden festkleben.
Kette an der Spitze mit einem Ring einhängen und kreuz und quer durch die Tüte fädeln, dabei die gefüllten Kugeln dazwischen hängen. Das Ende der Kette als Aufhänger benutzen. Die letzte Kugel mit dem Schlüssel vom Vorhängeschloss füllen und auch einhängen. Dann das Schloss zudrücken.

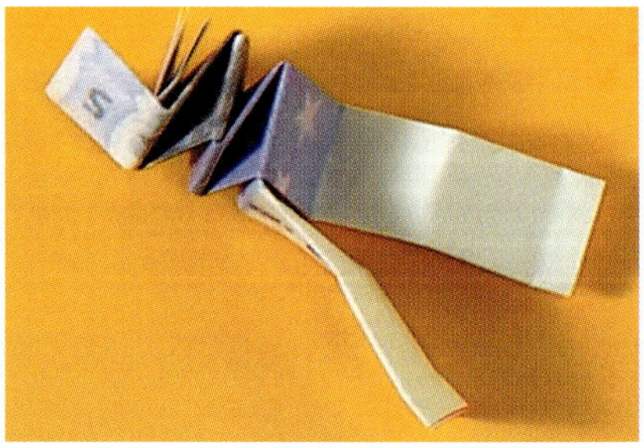

Material

Hasenleiter

- Baby-Greiftier mit Ring
- 12 bunte Holzperlen, 15 mm ∅
- 1 Holzperle, 10 mm ∅
- je 1 m feine Kordel in Blau, Rot
- 75 cm Kordel zum Aufhängen
- Geldscheine

Schultüte

- 25 x 35 cm Drahtgeflecht
- 13 teilbare Plastikkugeln, 5 cm ∅
- 2 m Gliederkette
- 13 verzinkte Ringe zum Öffnen, 15 mm ∅ (oder kleine Schlüsselringe)
- kleines Vorhängeschloss
- Geldscheine und Süßigkeiten
- Zange

Vorlage 37
Seite 74

Material

Umzugs-Schnecke

- Briefkarte in Weiß, 10,2 x 20,5 cm
- Tonkarton in Regenbogenfarben, Ultramarin, Weiß
- Hologrammfolie in Silber
- Steckdraht in Schwarz, 1,6 mm ∅
- Filzstift in Schwarz
- Klebeband
- Kraftkleber
- Geldschein

Garten-Schildkröte

- Briefkarte wie oben
- Aluminiumdraht, 2 mm ∅
- Tonkarton in Regenbogenfarben, Weiß
- Silberdraht
- Marabufeder in Hellgrün
- Filzstift in Schwarz
- Kraftkleber
- Geldschein

Guten Flug!

- CD-ROM
- Fotokarton in Regenbogenfarben, Schwarz, Weiß
- Acrylfarbe in Weiß
- Schnürsenkel in Regenbogenfarben
- Klebeband
- Nylonfaden
- Geldschein

Vorlagen 38 -40

Seiten 74 - 76

Für Umzug & Urlaub

Umzugs-Schnecke

Haus, Fenster, Schnecke und Schneckenhaus mit einer Verlängerung nach unten aus Tonkarton ausschneiden. Das Schneckenhaus mit Hologrammfolie bekleben. Aus Steckdraht Fühler und eine Spirale formen. Für die engen Biegungen eine kleine Rundzange verwenden. Das Ende der Spirale mit Kraftkleber und Klebeband auf dem Verlängerungsteil fixieren. Das Gesicht gestalten, die Fühler auf der Rückseite mit Klebeband fixieren. Alles auf die Karte kleben.

Gartenschildkröte

Die einzelnen Teile der Schildkröte sowie das Kleeblatt aus Tonkarton ausschneiden. Das Gesicht aufkleben oder aufmalen. Aus Aluminiumdraht eine Spirale formen und an zwei Stellen mit Silberdraht an den Seiten des Panzers festbinden. Ein Rechteck mit abgeschrägten Ecken aus Tonkarton schneiden, auf die Karte kleben und die Schildkröten-Teile darauf fixieren. Nach Wunsch dabei am Kopf eine kleine Marabufeder dazwischenfassen.

Guten Flug

Einen CD-großen Kreis aus Tonkarton ausschneiden und rundum Sonnenstrahlen fixieren. Die CD aufkleben und mit Augen und Mund verzieren. In der weißen Wolke zwei Einschnitte anbringen, anschließend auf der CD-ROM festkleben. Einen Geldschein zum Drachen falten (Seite 9) und daran mit Klebeband einen Schnürsenkel befestigen. Das Ganze durch die Einschnitte der Wolke ziehen. Mit Nylonfaden in Abständen gefaltete Geldscheine an den Schnürsenkel binden.

200
50

Zu Weihnachten

Material

Kerzen-Stern

- Ried in Grün
- Effektdraht in Grün, Gold
- Engelshaar in Gold
- Tonkarton in Schwarz
- Tonkarton in Regenbogenfarben
- Klebeband
- Geldschein

Schneemann-Stern

- Ried in Grün
- Effektdraht in Grün, Silber
- Engelshaar in Silber
- 3D-Wellpappe in Grün
- Künstlerkarton in Weiß, Schwarz
- Japanpapier in Weiß, Blau
- Tonkarton in Regenbogenfarben
- Acrylfarbe in Weiß
- Geldschein

Schneemann-Karte

- Karte in Rot, 15,4 x 10,8 cm, Ausschnitt „Fenster"
- Spitzenpapier in Weiß
- Ried in Hellgrün
- Silberdraht
- Engelshaar in Silber
- 3D-Wellpappe in Silber
- Kartons, Papier und Farbe wie oben
- Klebestift
- Geldschein

Vorlagen 41 - 44

Seiten 76 - 77

Stern mit Kerze

1 Den Stern aus zwei Dreiecken fertigen. Dazu je drei 20 cm lange Riedstücke mit grünem Effektdraht so zusammenbinden, dass die Enden etwa 2 cm weit überstehen. Anschließend die beiden Dreiecke versetzt übereinander legen und an den sechs Kreuzungspunkten mit Effektdraht zum Stern fixieren. Engelshaar in Silber oder Gold durch die Dreiecke ziehen.

2 Einen Geldschein als Kerze falten und mit Klebeband den schwarzen Docht auf der Rückseite fixieren. Die Kerzenflamme aus Tonkarton aufkleben. Die Kerze auf dem Stern mit Effektdraht in Gold festbinden.

Stern mit Schneemann

Einen Stern fertigen (siehe oben). Weißen Künstlerkarton mit weißem Japanpapier bekleben (Klebestift) und den Schneemann ausschneiden. Alle Details anfertigen und aufkleben. Den „Schal" nach hinten knicken und festkleben. Den gefalteten Geldschein (Seite 9) mit der Spitze einschieben. Mit Effektdraht in Silber den Schneemann auf dem Stern befestigen.

Schneemann-Karte

Den Fensterausschnitt der Karte mit Spitzenpapier hinterkleben. Weißen Künstlerkarton mit weißem Japanpapier bekleben (Klebestift) und den Schneemann ausschneiden. Den Arm einschneiden. Alle Details anfertigen und aufkleben. Zwei Riedstäbe mit Draht zusammenbinden, den gefalteten Geldschein zwischen die Stäbe klemmen und den „Besen" durch den eingeschnittenen Arm schieben. Den Schneemann zusammen mit etwas Engelshaar auf der Karte fixieren.

200

Vorlagen

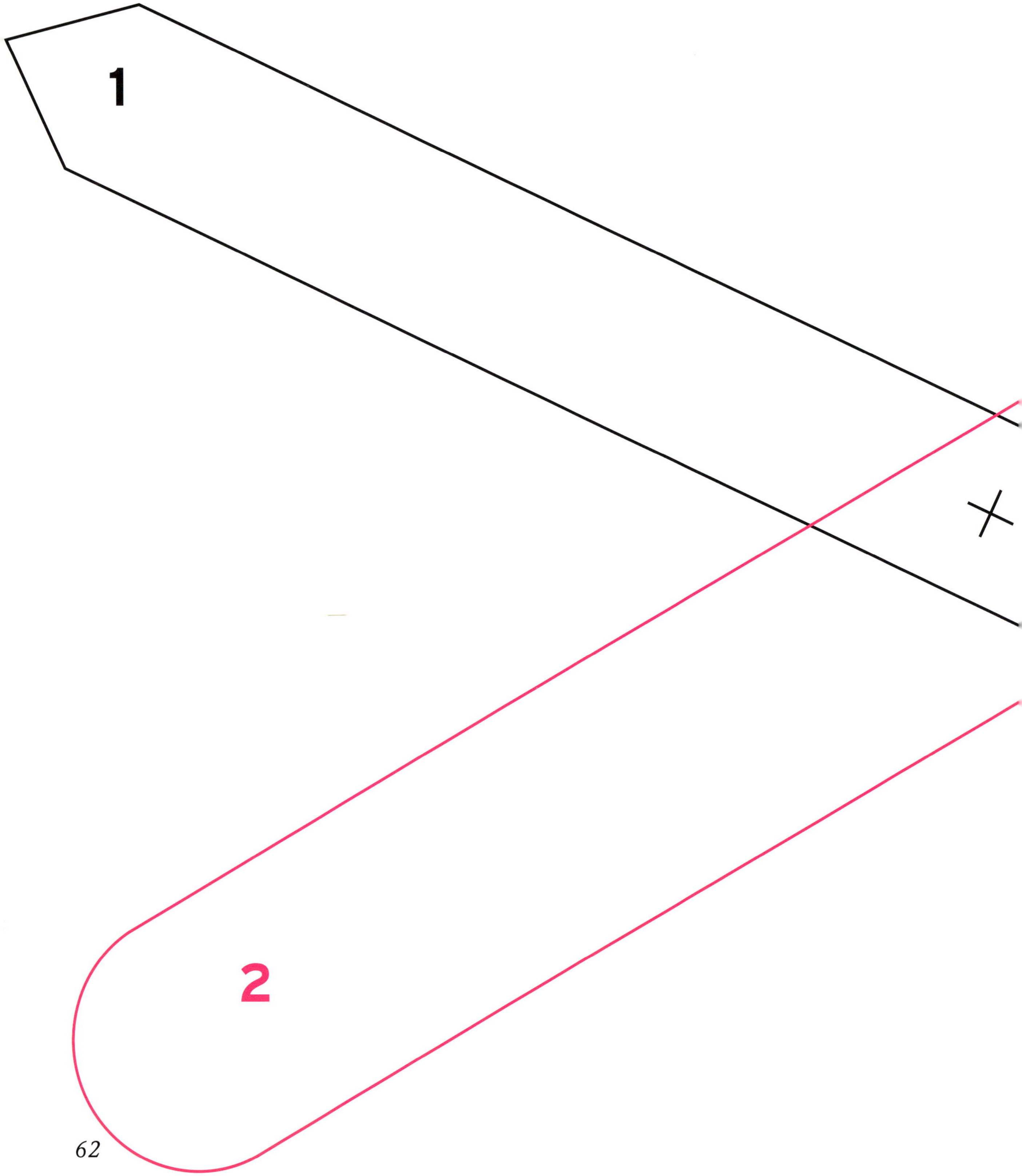

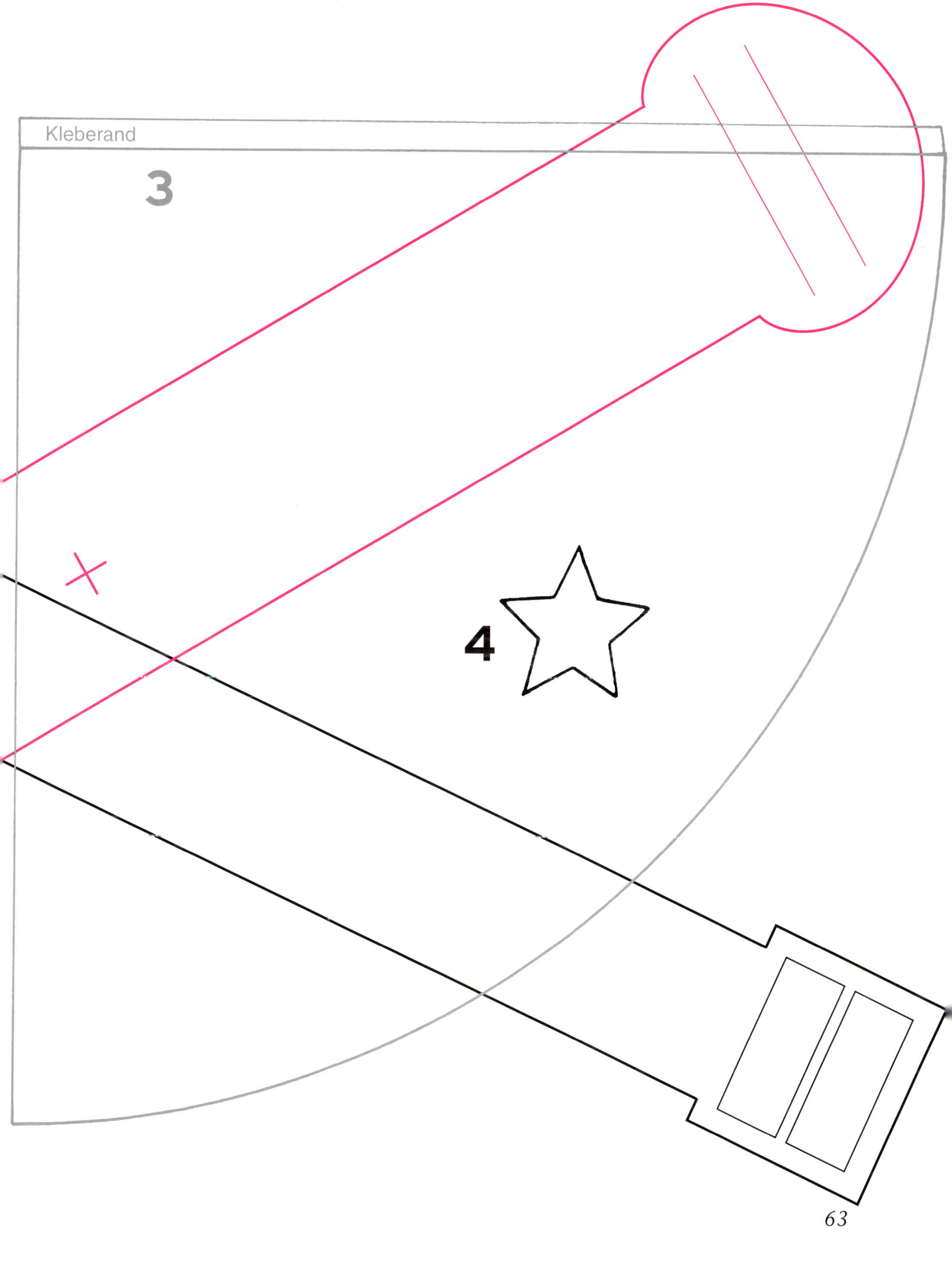
Kleberand
3
4

5

6

7

8

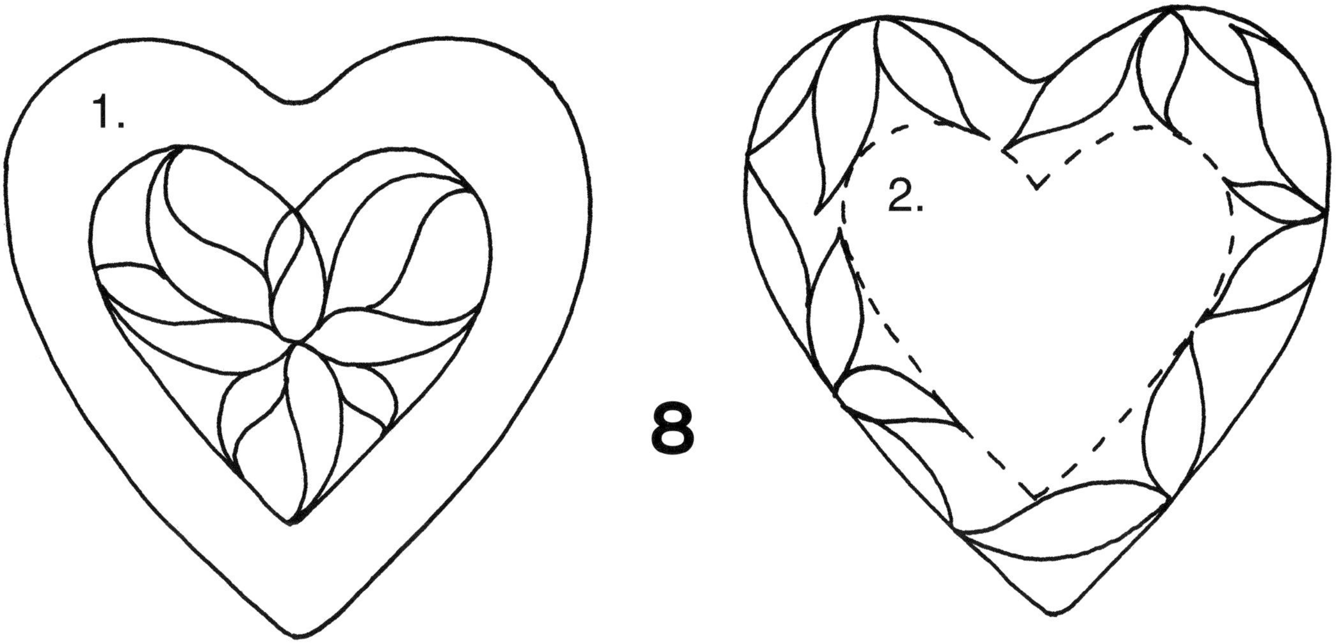

9

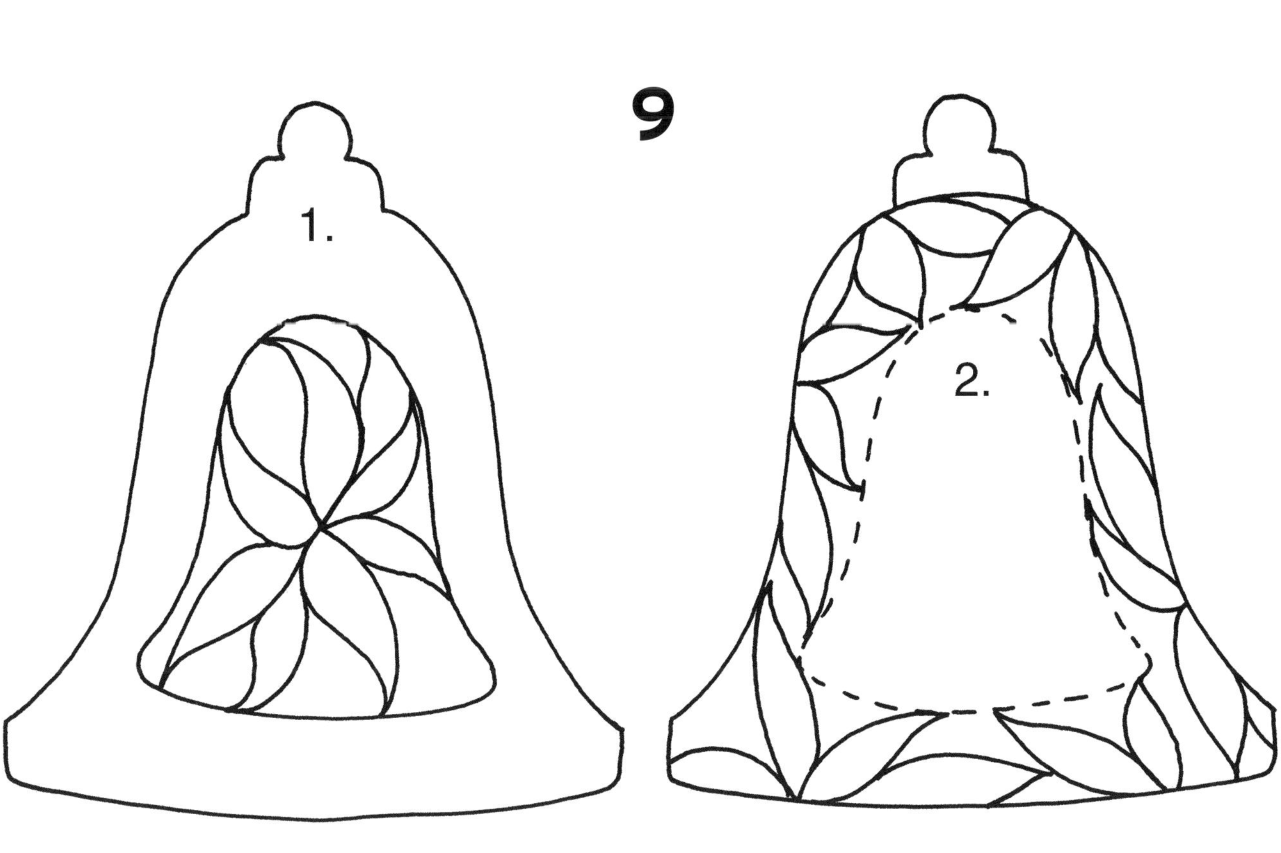

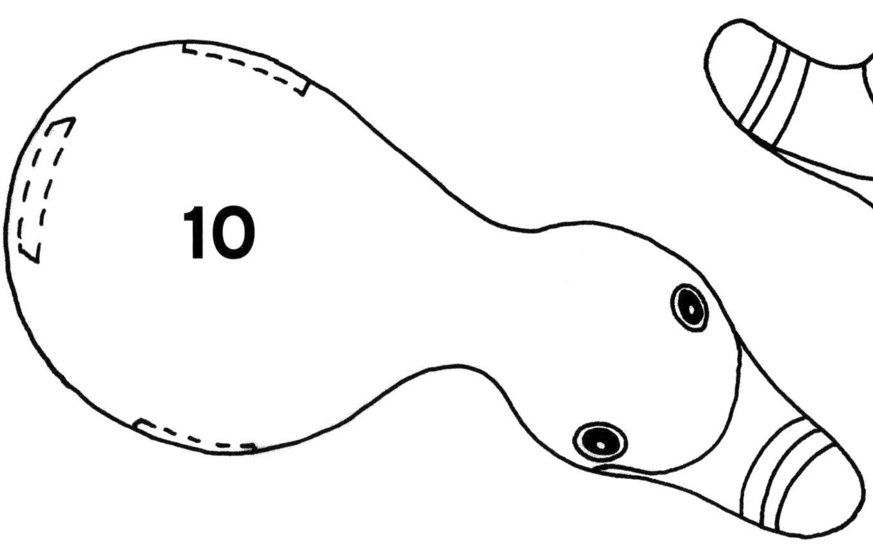

10

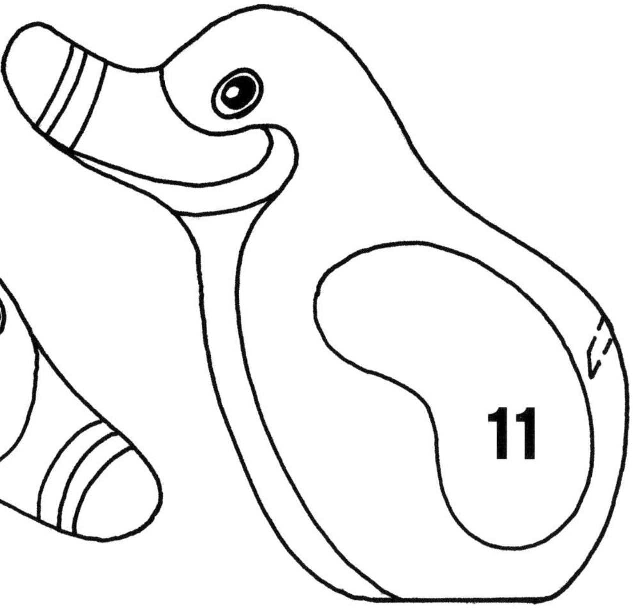

11

12

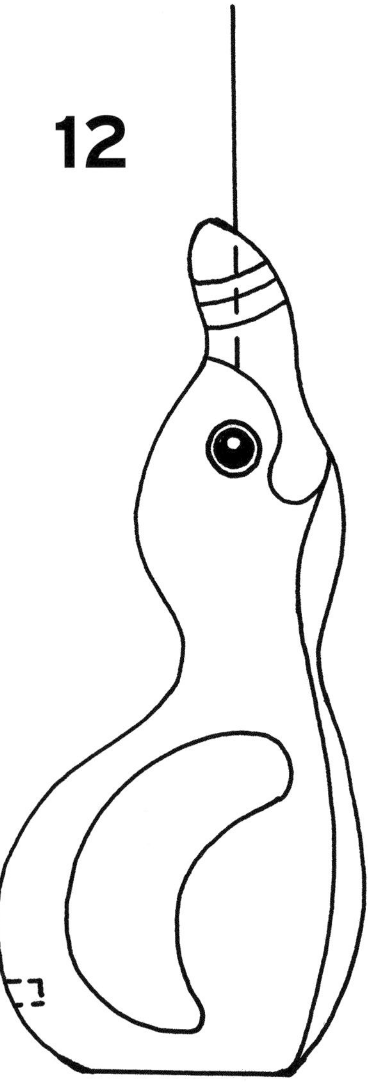

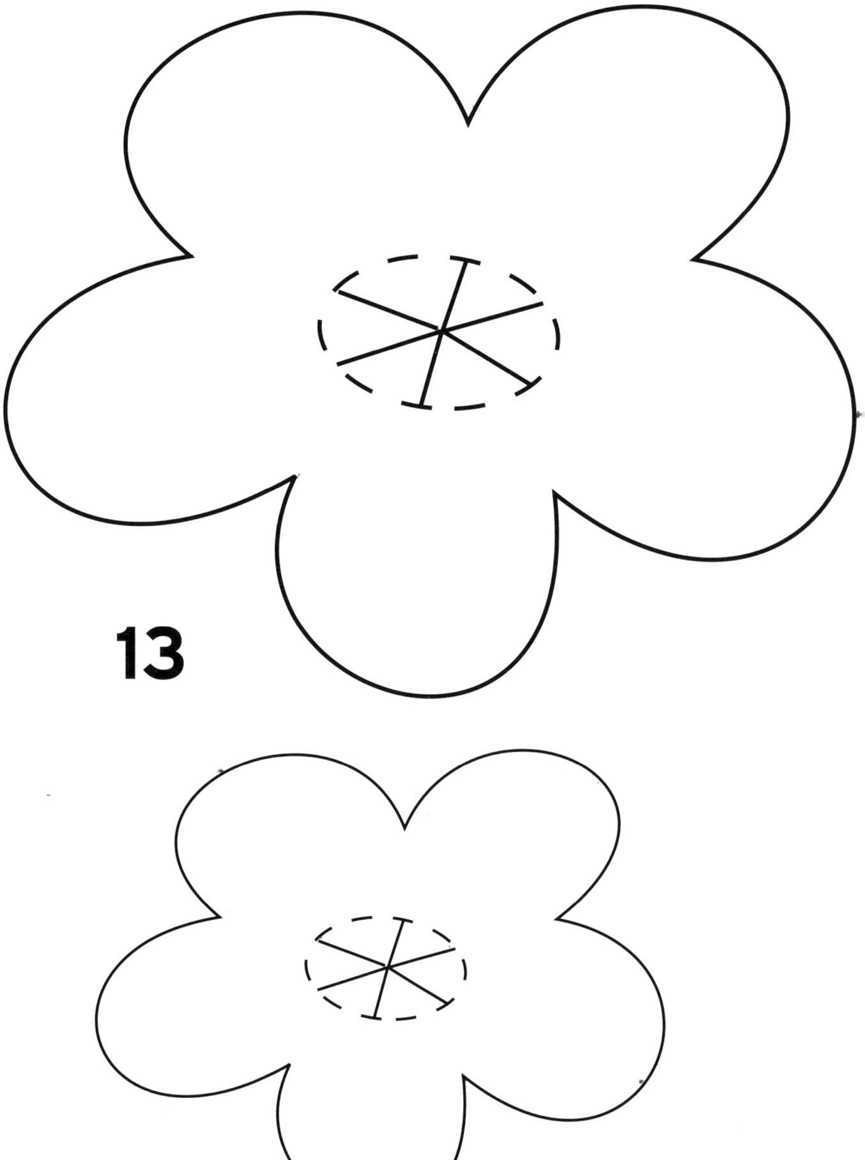

13

14

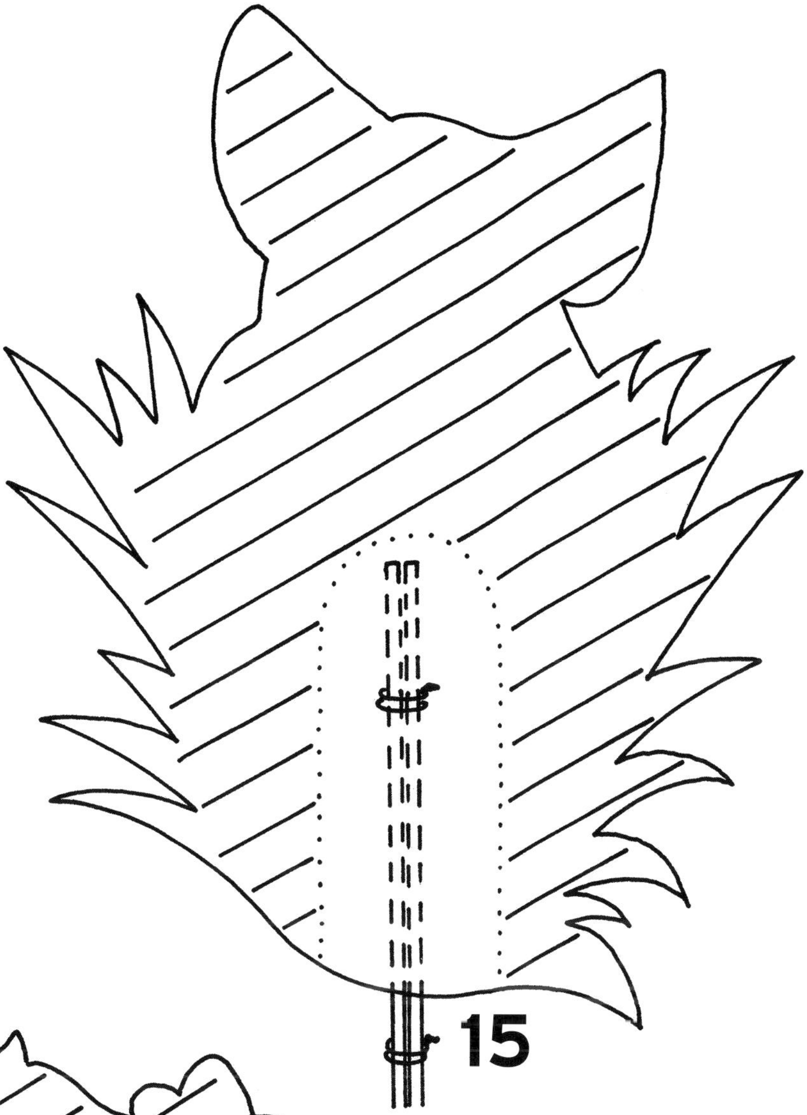

15

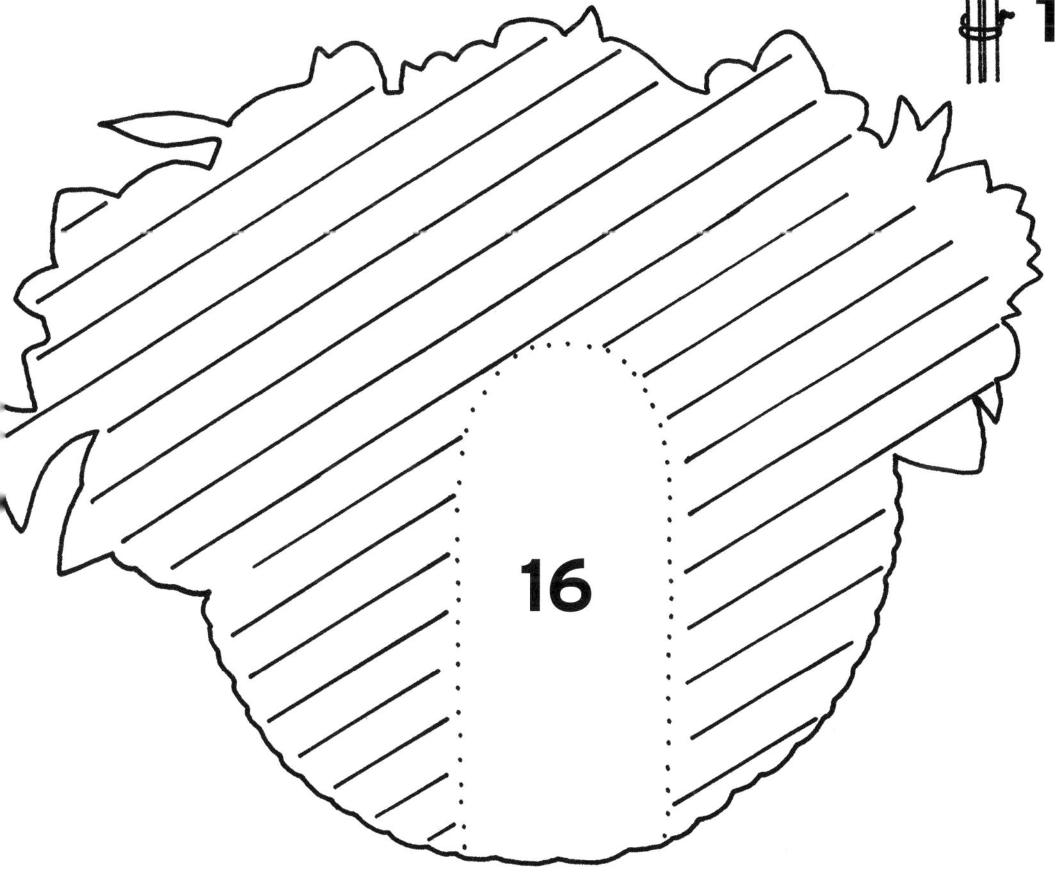

16

18

17

20

19

21

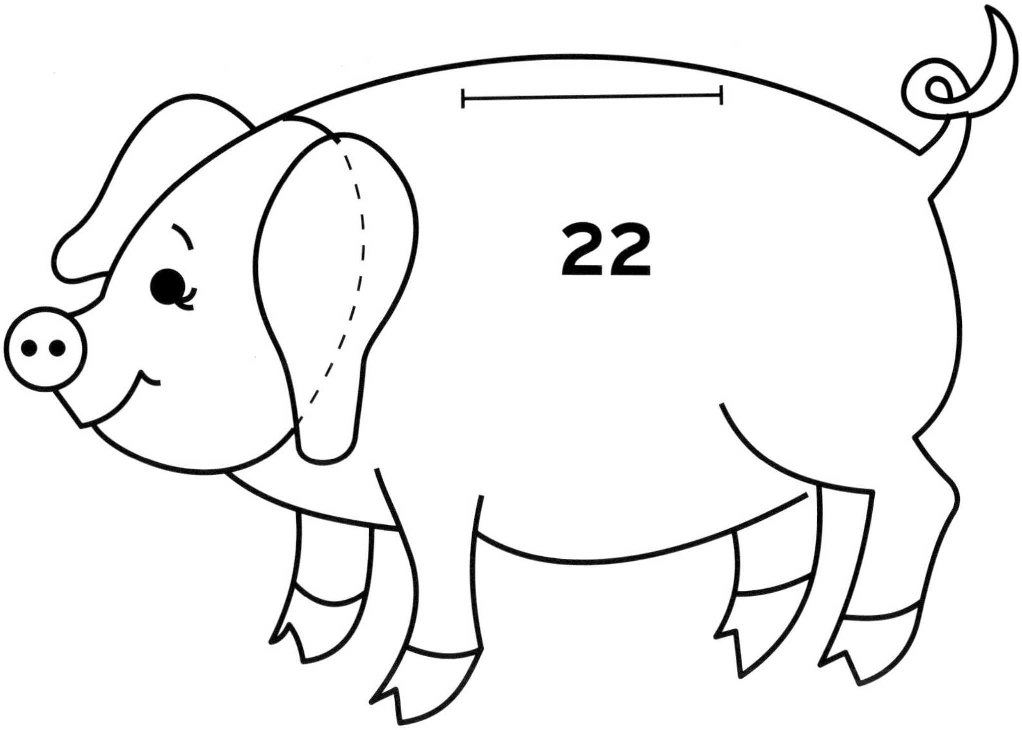

22

23 Für den Heimwerker

24

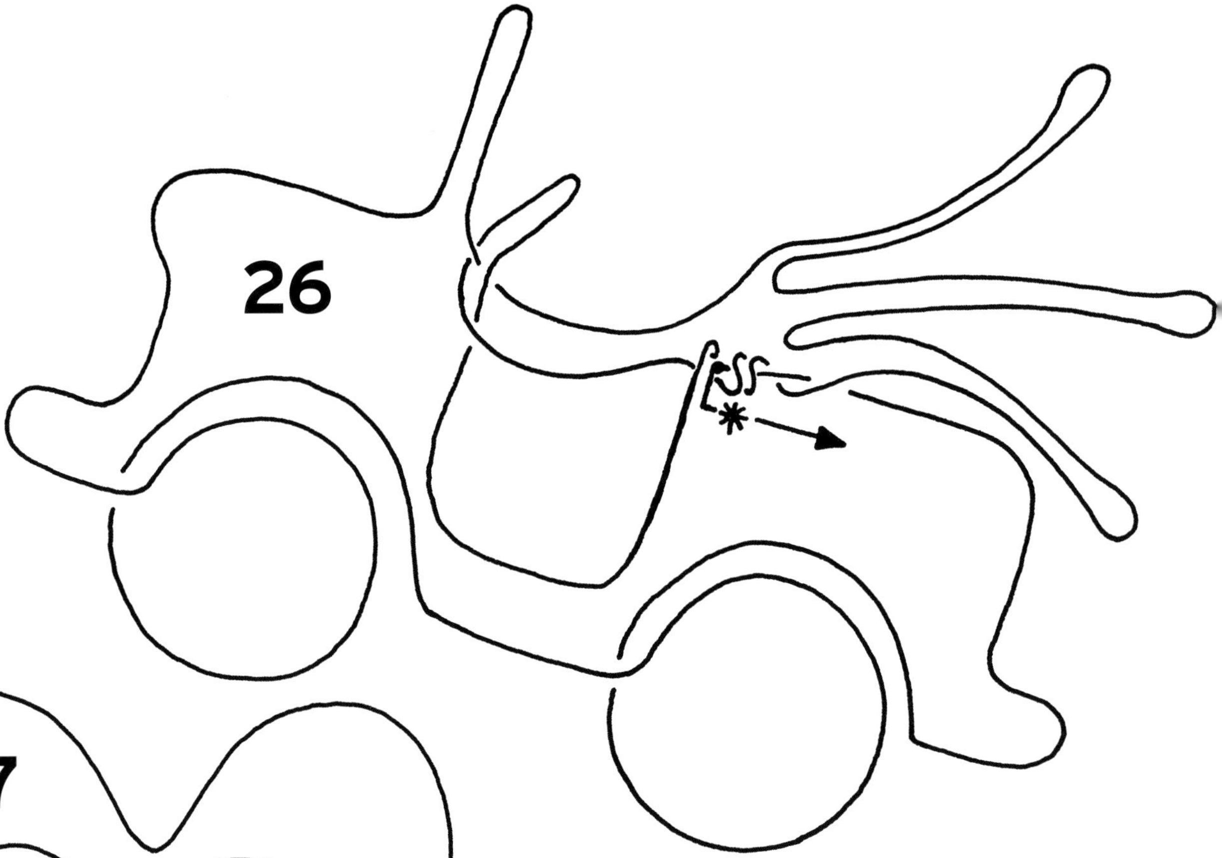
26

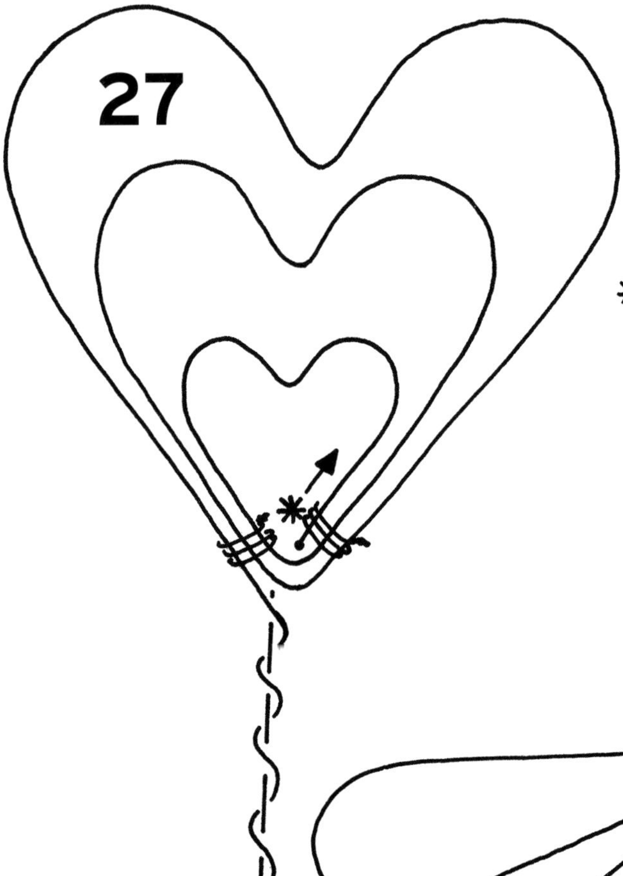
27

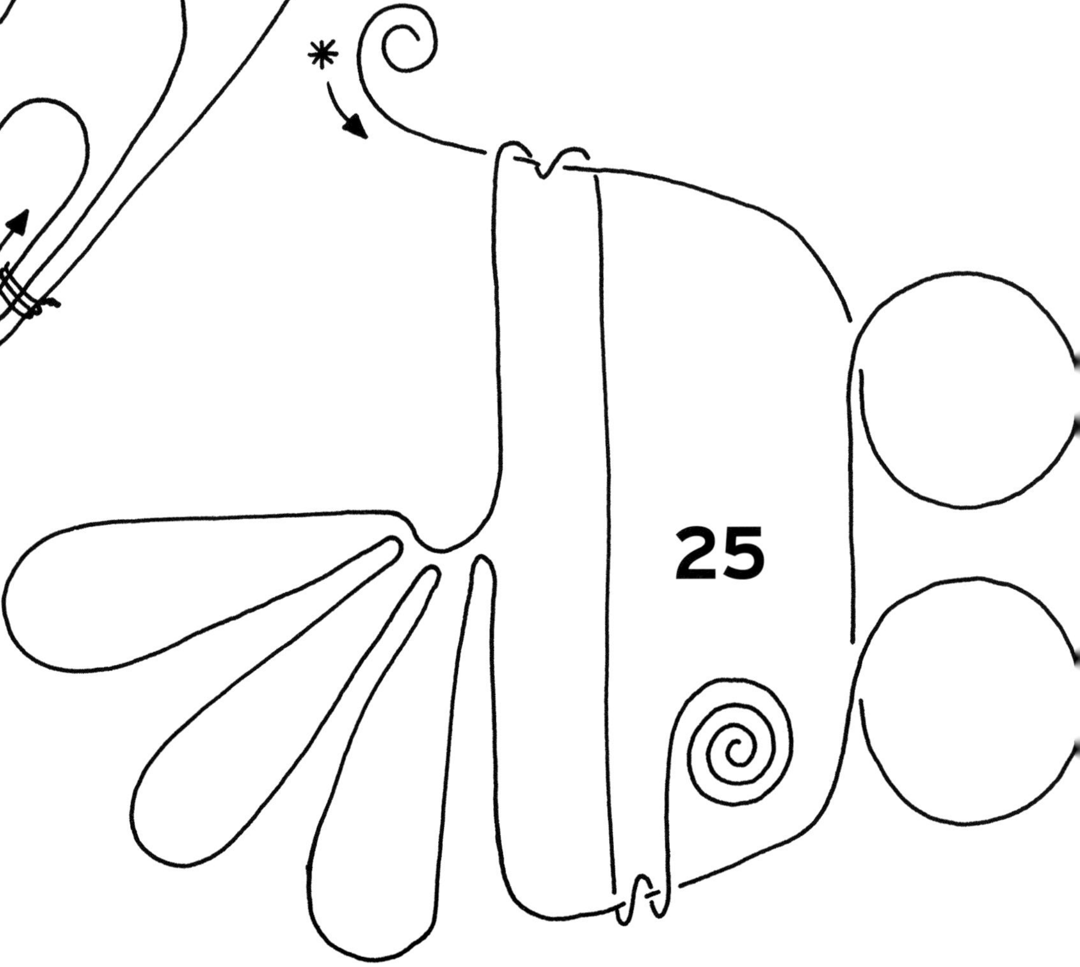
25

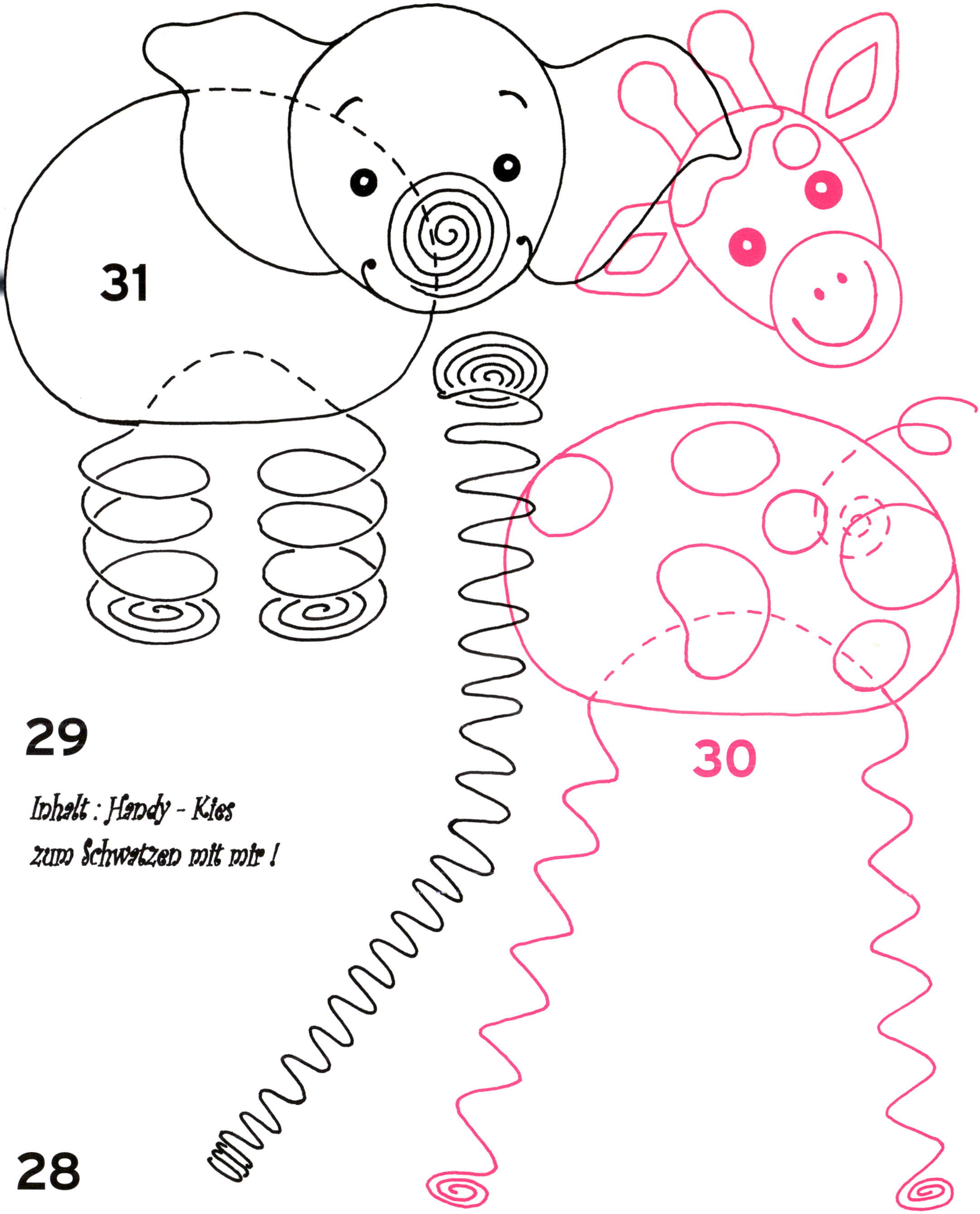

31

29

30

Inhalt : Handy - Kies
zum Schwatzen mit mir !

28

SPARTOPF für Not- (an) rufe !!!

33

32

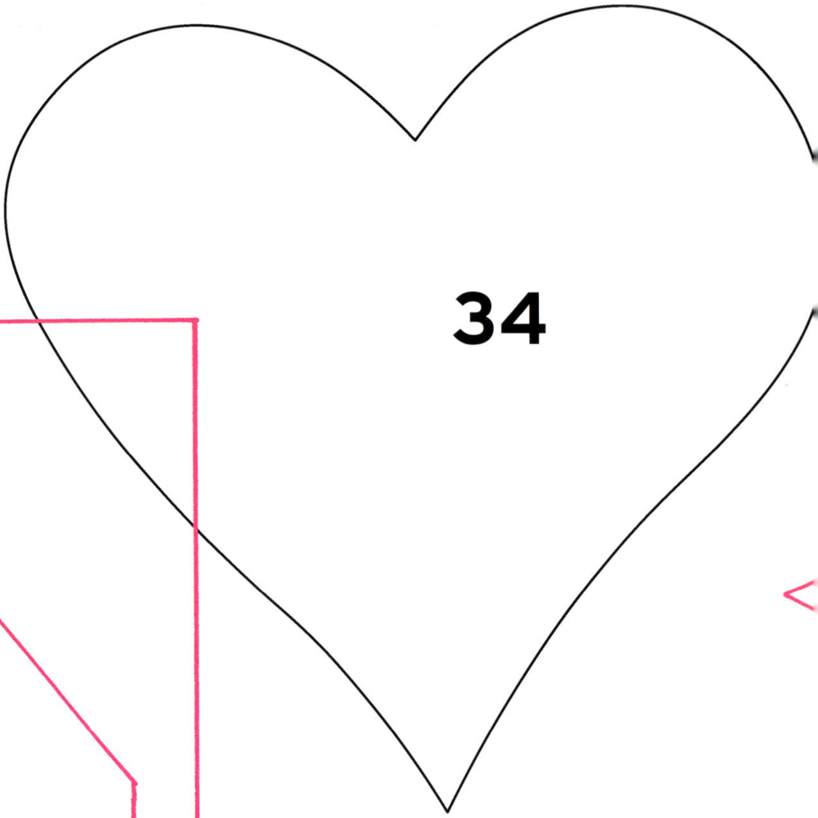

34

35

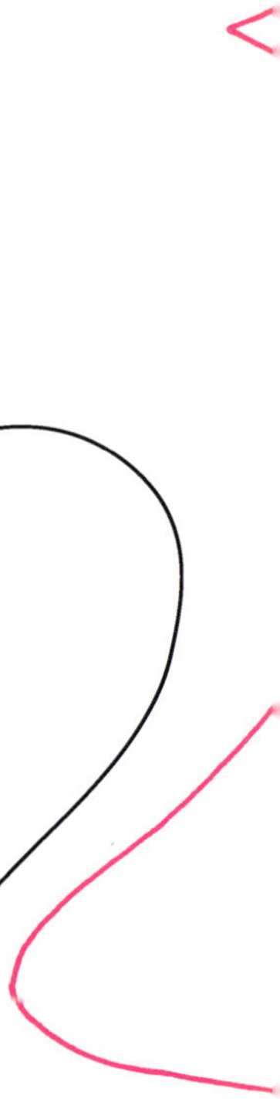

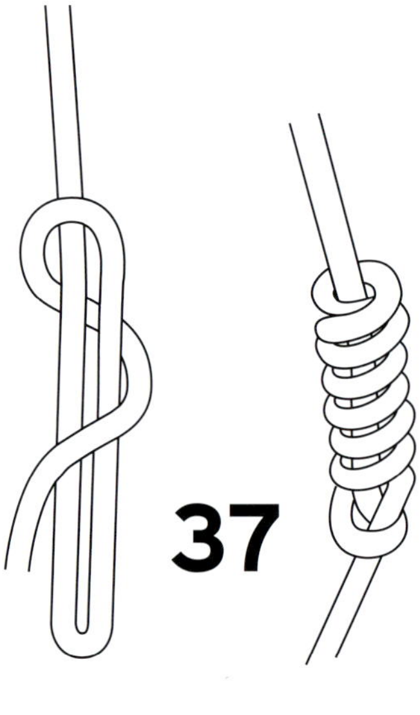

37

38

36

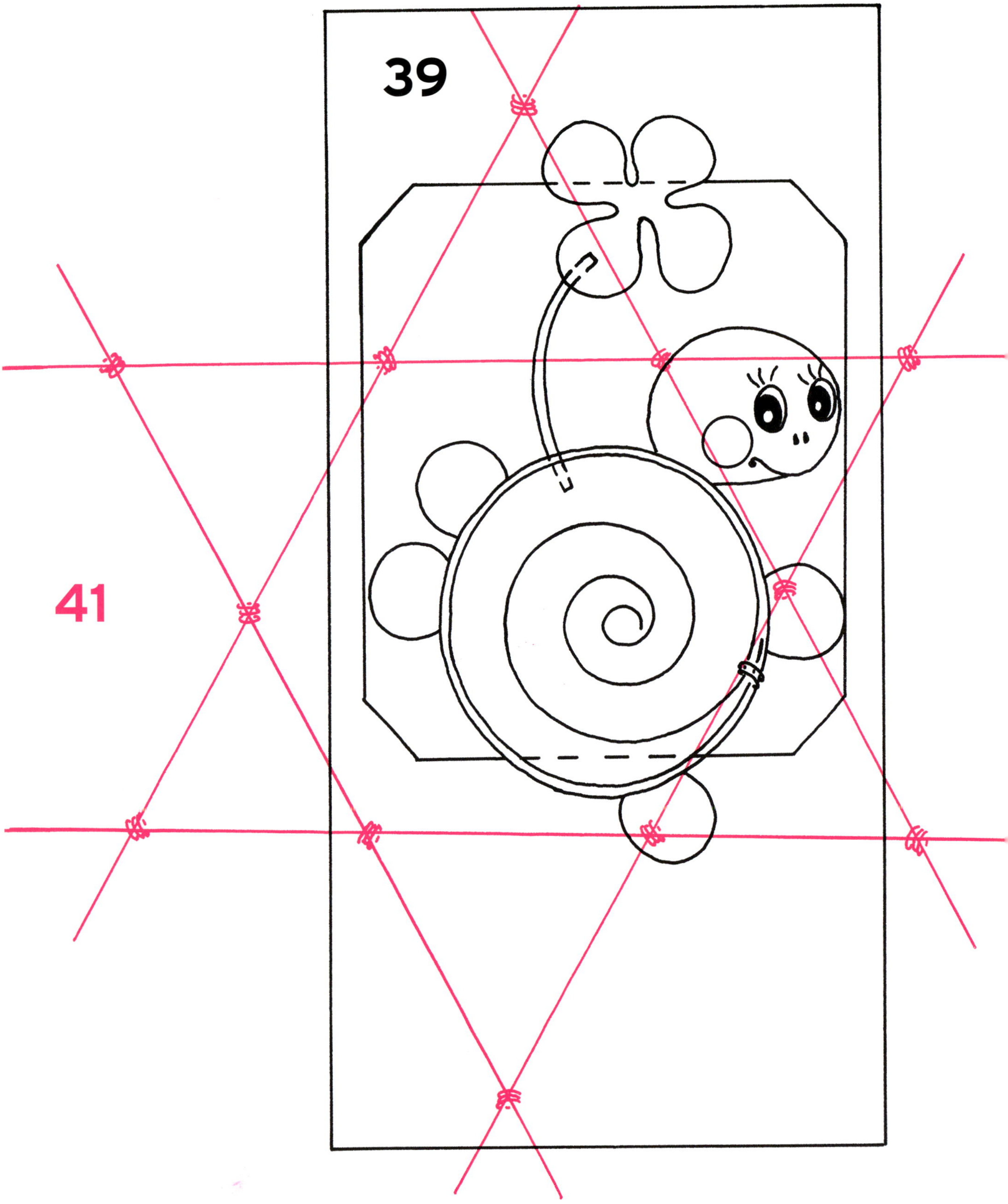
39
41

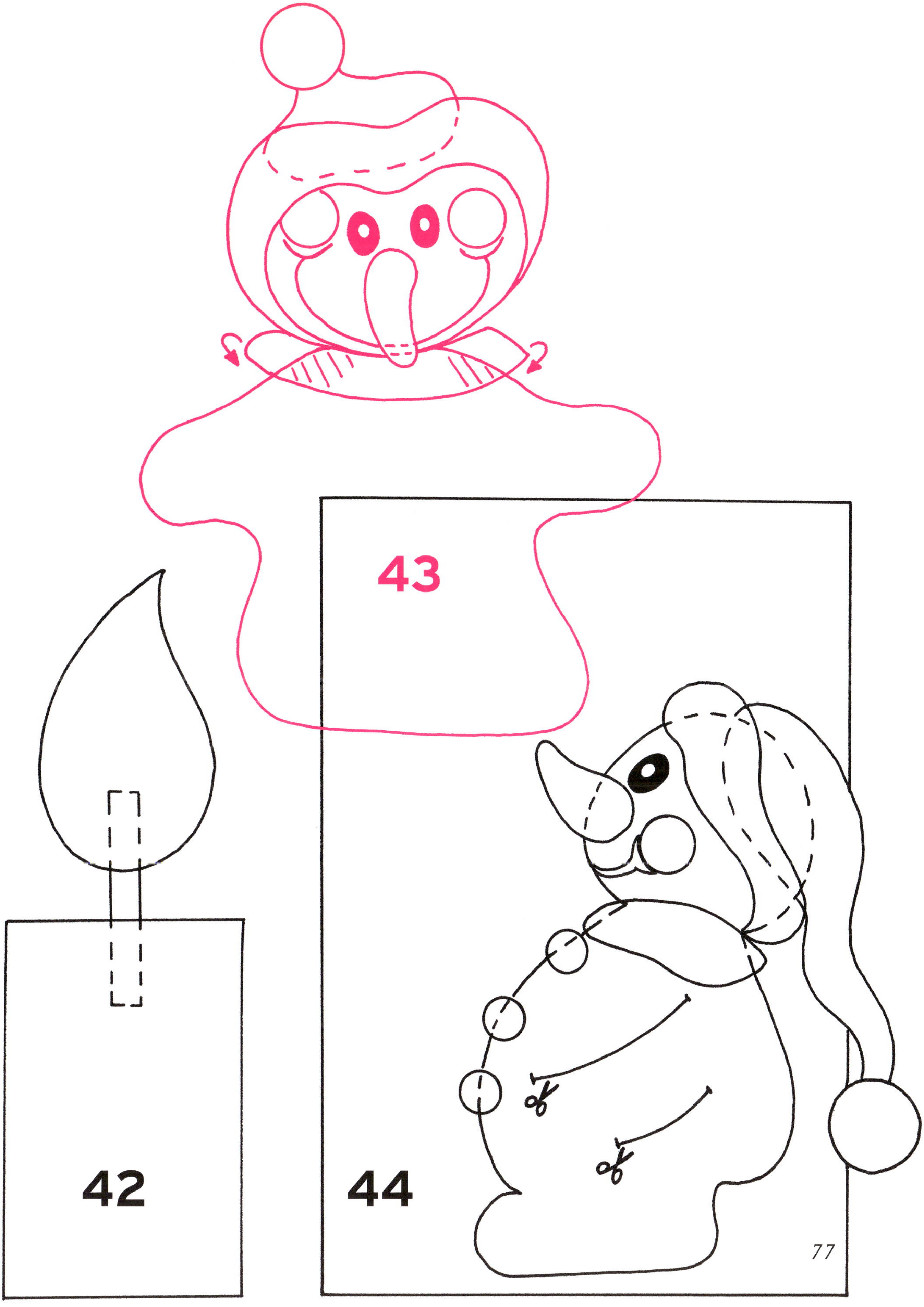
43
42
44

Autorinnen

Susanne Fankhauser, Ursula Müller-Wüstemann, Seiten 10-13, 20-21, 30-31, 36-39, 42-43, 50-51, 54-57

Monika Fischer, Seiten 34-35

Traudel Hartel, Seiten 22-23, 52-53

Gudrun Hettinger, Seiten 26-29, 46-49

Andrea Küssner-Neubert, Seiten 40-41

Ingrid Moras, Seiten 14-19, 24-25, 32-33, 44-45, 58-61

Abbildungen

eska, Seiten 52-53

Andreas Gerhardt, Seiten 40-41

Roland Krieg, Seiten 12-25, 32-37, 44-45, 48-49, 54-55, 58-61

Jutta Sokol, Seiten 26-29, 46-47

Weber & Göröcs Seiten 10-11, 30-31, 38-39, 42-43, 50-51, 56-57

ISBN 3-419-53611-9

Redaktion: Ursula Brunn-Steiner, Groß-Gerau

Umschlaggestaltung: Network!, München

Produktion: Carsten Schorn, Merzhausen

Druck: Proost, Turnhout 2002